ケズィック・コンベンション説教集 2014

御座から流れる いのちの水

The living water overflowing from His throne

ALL ONE IN CHRIST JESUS

日本ケズィック・コンベンション

表紙デザイン：ロゴスデザイン　長尾 優

序文

東北ケズィック・コンベンション委員　**大友 幸一**

２０１４年の日本ケズィック・コンベンション説教集が出版されることを心から感謝します。日本各地で語られたケズィックのメッセージを一冊の本として手元に置けることは恵みです。

東北ケズィックは今回で第8回となりました。２０１１年3月の東日本大震災後の大変な時期でもやめることなく続けられたのは、中央委員会の励ましや、当地の委員会、出席者の熱い祈りがあったからではないかと思われます。

今年のメイン講師はロバート・エイメス師でした。エイメス師の前回の奉仕は２０１１年2月でした。エイメス師夫妻は英国に帰られてから数週間後に起こった当地の大震災と津波によって被災する仙台の様子をテレビで見て、深く悲しみ、他人事ではないとずっととりなしてくださっていたとのことでした。私たちはその話を聞きながら、主にあってひとつであることを実感しました。

ところで今回のケズィックは、1週間前から本当に珍しい大雪で、当日も交通機関は麻痺し、ＪＲ

のダイヤも乱れていました。エイメス師夫妻は東京駅で何時間も待って仙台に来てくださいました。また日本人講師の大井 満師は、集会が始まって、賛美、証しなどプログラムが進んでいき、メッセージが始まる時間になって滑り込みで到着しました。本当に感謝でした。

実は会場については近年、仙台郊外の宿泊施設を使っていたのですが、今回は日程の都合で仙台の中心地の教会と、その教会に隣接する建物に決めていました。それが功を奏して、大雪でも参加者は例年並みに確保できましたし、経済的にも守られました。委員会としてはハラハラドキドキのケズィックでしたが、全ては主の恵みであったことを感謝しています。

東北地方にあって2月に開催するケズィック・コンベンションは、4月からの新しい年度に向かうに当たって霊的に整えられるよい機会です。そのように大切なケズィックですが、全国の他の地域でのコンベンションでは、参加者の若者離れがあることを聞いています。東北においてもその傾向が見受けられますので、相当の努力が必要でないかと思っています。若者たちに好まれる賛美の選曲や証し、集いやすい時間設定、参加費など。様々な課題がありますが、委員会のメンバーと相談しながら若者たちが喜んで参加できる東北のケズィックを目指して、一歩一歩進んでいこうとしています。

全体としては老若男女、もっと多くのキリスト者の参加がなるよう、このケズィックを育てていきたいと思っています。このような素晴らしいケズィックのメッセージがこの冊子によって多くの教会の牧師先生や教会員の方々に読まれ、受け入れられて、参加を促すものとなるよう、切に願っています。

御座から流れるいのちの水

The living water overflowing from His throne

目次

〈バイブル・リーディング〉

神の御座のあるところ

エゼキエル書40・1〜5、43・1〜7

チャールズ・プライス

エゼキエルはバビロンに連れて行かれた捕囚の中におりました。もちろんイスラエルの民にとって、その心の拠り所、中心にあったのがエルサレムの神殿でした。それはまさに神が民に会われる場所だったからです。

神は最初、イスラエルの民が荒野を歩む中で、幕屋を建てるように指示されました。そして後に建てられた神殿はその幕屋を型にして作られたのですが、まず外庭と呼ばれる所があり、そこに礼拝に必要ないろいろなものが置かれていました。その内側に聖所がありました。そしてその聖所の中の後ろ側に至聖所があり、その至聖所に契約の箱が置かれていました。そこには年に一度、あがないの日に大祭司だけが血を携えて入ることを許されていました。その血を契約の箱に散らしたのです。神はモーセに対して、「私は至聖所において、あなたに会う。私はそこであなたに語る」と仰せになりました。その通り、至聖所は、神と人とが語り合い、交わりを持つことができる場所です。

神殿の歴史を振り返ってみましょう。

最初、イスラエルの民がカナンの地に入ってきた時、彼らはその幕屋をシロに建てました。常設的なものとしてそれを宮と呼んだのです。次にソロモン王の時代に美しい神殿が完成しました。その神殿が四百年後の紀元前587年にバビロンによって破壊されてしまいます。そのバビロンに捕囚となっていたエゼキエルが、神殿が建てられる幻を見るのです。後にその幻は実現し、エズラたちが帰還を果たして神殿を再建するのですが、それはエゼキエルが幻で見たものとは違ったものでした。その後、ヘロデ大王が非常に見事な、大きな神殿に建て直しますが、新約聖書の最後の時代、紀元70年、ローマ帝国によってその神殿も破壊されます。現在、エルサレムに残っているのは西壁の部分で、ユダヤ人たちが、その西壁、なげきの壁と言われている所を至聖所に一番近い場所と考えて祈りをささげています。しかし、イエスさまが十字架で息を引き取られた時、神殿の幕が上から下まで真二つに裂けたと書かれています（マタイ27章）。神が至聖所に至る道を開いてくださったことの表れです。つまり、神と交わるために特定の場所に近づく必要はありません。エルサレムの神殿は全く破壊され、目に見える神殿としてはその働きを終えたと言ってもいいのです。

聖書にはこう書いてあります。

「あなたがたは、自分が神の神殿であり、神の霊が自分たちの内に住んでいることを知らないのですか。神の神殿を壊す者がいれば、神はその人を滅ぼされるでしょう。神の神殿は聖なるものだからです。あなたがたはその神殿なのです」（Ⅰコリント3・16）。目に見える神殿は、神に近づく方法を意味する原型にしか過ぎませんでした。イエスさまが十字架のわざによってなしとげられ、この恵みが私たちにもたらされているのです。また、「知らないのですか。あなたがたの体は、神からいただいた聖霊が宿ってくださる神殿であり、あなたがたはもはや自分自身のものではないのです」（Ⅰコリント6・19）。「神の神殿と偶像にどんな一致がありますか。わたしたちは生ける神の神殿なのです。神がこう言われているとおりです。『わたしは彼らの間に住み、巡り歩く。そして、彼らの神となり、彼らはわたしの民となる』」（Ⅱコリント6・16）。これはレビ記26・12を引用していますが、パウロもエルサレムの神殿は、今や私たちのうちにあるのだと言って、神殿を私たちクリスチャンの姿に置き換えています。私のすみかをあなたたちのうちに建て、そしてあなたがたと共に歩むのだと神はおっしゃっているのですから、私たちは、旧約聖書に出てくる「契約」や「神殿」を、今私たちに与えられている新しい契約、神の宮とされている私たちの体と受け取ってよいのです。

さて、エゼキエル書40章〜48章に出てくる神殿は、実際には目に見える形で存在したことはありませんでした。けれどもエゼキエルは神殿について詳しく記述しています。目に見えなくとも、聖霊が私たちのうちに住まわれる時に起こることとして教えているのです。神が願っておられる一番大事なことは、神との生きた関係を回復することです。まさに神が私を住まいとしてくださることです。ある人が、「福音とは、私たちが地獄から天国に移されるものではなく、神が私たちの所へ来てくださったということなのだ」と言いました。私たちは天国へ行くでしょう。しかしそれは副産物です。福音の中心は神との和解であり、その和解は、神が私たちの心を住まいとしてくださることによって起こっているのです。このエゼキエル書で描かれていることを、みなさんや私の生涯に映し出してみたいと思っています。

今回は3回のメッセージで、大事なことを3つだけ取りあげます。この学びは私たちに必要なことであり、私たちの生涯を変えていくものであると確信しています。

さて、神を神殿の中に押し込めることなど愚かな考えです。ソロモンもその神殿を献堂した時、「神は果たして人間と共に地上にお住まいになるでしょうか。天も、天の天も、あなたをお納めすることができません。わたしが建てたこの神殿など、なおふさわしくありません」と祈っています。が、ここに驚くべきことがあります。この神がご自身の臨在をある一定のところに置かれるということです。至聖所が臨在される場所で、会見の幕屋も、人がお互いに会うところではなく、人々が神と出会う場所でした。

神の臨在については二つの側面があります。

一つは詩編19編に記されているような、神はどこにもおいでになるという普遍的臨在です。しかし、神が個人的に、特別に臨在されることを知るべきです。それが至聖所です。特別な臨在から逃げたのはアダムですが、その交わりが回復されたクリスチャンには、神が個人的に私のうちに臨在し、生きてくださるということが実現するのです。理屈ではなく、神との個人的な、生きた関係を持たせていただきたい、神の本当の臨在を経験させていただきたいと思います。

次に、エゼキエルは「主の栄光が神殿を満たしていた」(43・5)との幻を見ています。「主の栄光」とは何でしょう。栄光とは神ご自身の性質を表す言葉です。ヨハネ1・14では「言は肉となって、わたしたちの間に宿られた。わたしたちはその栄光を見た」とあります。これは、イエスさまのうちに神の臨在と神のご性質とが表されていたということです。汚れた者、罪人と言われている者たちの友となってくださったイエスさまを通して、神の愛といつくしみ、あわれみが現れたのです。

なぜこのことが大事なのでしょう。

人間の最大の問題はローマ3・23にあるように、私たちが、罪を犯して神の栄光を受けられなくなっていたことです。神は栄光を受けられなくなった私たちに、もう一度神の栄光を取り戻させようと思っておられます。


神はそのために何をなされたのでしょうか。

「秘められた計画が異邦人にとってどれほど栄光に満ちたものであるかを、神は彼らに知らせようとされました。その計画とは、あなたがたの内におられるキリスト、栄光の希望です」(コロサイ1・27)とあります。私たちは栄光を天国だと考えがちです。しかし、私たちが罪を犯して受けられなくなった神の臨在こそが栄光であり、それを回復するための希望であるイエスさまが私たちの中に生きていることで、それが現実になります。「イエスさまがなされる何か」ではなく「イエスさまご自身が私の中にいてくださる」ことが大事なのです。

ですから、パウロはエペソ3・16～17で、「どうか、御父が、その豊かな栄光に従い、その霊により、力をもってあなたがたの内なる人を強めて、信仰によってあなたがたの心の内にキリストを住まわせ、あなたがたを愛に根ざし、愛にしっかりと立つ者としてくださるように」と祈っているのです。皆さんはこのことを経験されているでしょうか。

エゼキエル書43・6～7を見ていきましょう。

「ここはわたしの王座のあるべき場所、わたしの足の裏を置くべき場所」とあります。「わたしの王座」とは、王である神が所有する王座です。クリスチャンは皆、イエスさまが救い主であることを知っています。しかしそれだけではなく、イエスさまが王であることを知らなければなりません。イエスさまが死んでよみがえってくださったのは、生きている者、死んでいる者、すべての者の主となるためでもあるのです。イエスさまを「救い主」と紹介しているのは24か所ですが、実に新約聖書では60回以上にわたってイエス・キリストを「主」と呼んでいます。ここでエゼキエルは「ここはわたしの王座なのだ」という神の声を聞いたのでした。自分の居座っていた場所を明け渡し、キリストの主権を明確にすることが必要です。

C・S・ルイスが、イエスさまを信じて6か月経った時、神が彼の生涯を変えようとなされました。彼は、「私の家に来たイエスという大工は、『ここを変え、あそこを変えればもう少し素敵になりますが』と提案する大工ではなく、即座に壁を壊し始め、家具を動かし、明かりも全部取り替え始めた」と言っています。その時、ルイスは神に言ったそうです。「あなたは私の人生に何をなさるのですか。こんなに一度に変えられたらかなわない」。しかし神はこう言われたのです。「知らないのかい？　あなたのこの部屋をわたしは王宮に変えようとしているのだ」。

神の王国はどこそこにあるのではなく、わたしのうちにあります。そこにある王座は神のものです。神が主権を持つならば、すべてをお決めになることができます。時に本当に痛みを伴うでしょう。しかし、聖書では苦難は希望を生み出していくと約束しています。神の御手が働いているからです。このように私たちを守り、養ってくださる方に王座を渡しておられるでしょうか。その導きに自らを委ねているでしょうか。そうでなければ、栄光はもたらされません。

「わたしの足の裏を置くべき場所」。

この表現は旧約聖書に何回も出てきますが、わたしの心がある場所だとの意味です。モーセはイスラエルの民にそう語り、神はヨシュアにもそのように約束されました。あなたの足の裏をもって神に従う時に何かが起こるとおっしゃったのです。そしてダビデ、さらにマラキ書にも共通しているのは、勝利がもたらされ、それを自分のものにしていくというプロセスです。私たちが足の裏で踏む所、置く所が領地になっていくのです。そしてそれは、イエスさまが勝利者であられることの一つの印でもあります。パウロは、「キリストはすべての敵を御自分の足の下に置くまで、国を支配されることになっている」（Ⅰコリント15・25）と語っています。イエスさまの復活は、私たちの最後の敵である死でさえも打ち破られたのであり、私たちを恐れさせるすべてに勝利し、私たちに勝利を与えられたのです。

勝利者には、二つの側面があります。

キリストによってもたらされた勝利には、信仰をもってこたえ、どこまでもこの力に頼り、すがるのですが、もう一つの側面として、私たちが日々神に従い続けていく中で、もたらされる勝利がありますす。パウロは、「自分の体を打ちたたいて服従させます。それは、他の人々に宣教しておきながら、自分の方が失格者になってしまわないためです」（Ⅰコリント9・27）と言っていますが、単に神から恵みをいただくだけではなく、同時にある意味で目に見える形での日々の歩みがそこで求められます。ですから、体を打ちたたいて服従させると言ったのです。神のために、私たちがきよくなるべく、訓練することによって、ほかのことが整えられていくのです。ご聖霊さまは力を与えてくださいます。

神に頼ることと従うことは飛行機の両翼です。両方必要なのです。神に頼ることなしに服従だけを強調するなら、私たちは律法主義に陥ります。服従なしに頼ることを強調するなら、私たちは不健康な神秘主義に陥ってしまうでしょう。両方が共に語られる時、私たちは飛ぶことができるのです。

神の臨在がもたらされた特別な場所、神の宮、そこに神の栄光が満ちた時、神の栄光を受けられなくなっていた私たちは、イエスさまの十字架によって、再び回復されました。そして、神がエゼキエルに言われたように、「ここはわたしの王座のあるべき場所、わたしの足の裏を置くべき場所」であるとするならば、私たちは今、どのように決断すべきなのでしょうか。神の前に頭をたれて神に申し上げましょう。あなたこそ私の王です、私はあなたを信頼します。私はあなたに従います。あなたに自らをささげます。神のご支配の中に私のすべての生涯をおきます。それはイエスさまが私たちの最後の敵さえも打ち破ってくださったからです。

（文責・土屋和彦）

〈バイブル・リーディングⅡ〉

ホーリネスの法則

エゼキエル書43・6～12

チャールズ・プライス

エゼキエルは神殿の幻を見ました。旧約聖書で神殿は、神の住まいでしたが、新約聖書では、私たちが神の宮です。昨日は、主の宮を満たした神の栄光は、神のご臨在の表れであり、それがイエスさまによって実現したのだ、そのイエスさまに王座を明け渡し、勝利していくのだと申し上げました。本日は、その主の宮におけるホーリネスについて語りましょう。

12節に「以下は山の頂の神殿に関する律法である。周囲を区切られたこの領域はすべて最も神聖である。見よ、これが神殿に関する律法である」とあります。神聖、ホーリネスこそが神殿の原則です。エゼキエル書では、民の罪、つまりイスラエルがどのようにして神の名を汚し、霊的な姦淫を犯してしまったか、命のない偶像を拝んだのかにふれた後、ホーリネスについて語っています。10節の「人の子よ、あなたはイスラエルの家にこの神殿を示しなさい。それは彼らが自分の罪を恥じ、神殿のあるべき姿を測るためである」との言葉は重要です。「人は皆、罪を犯して神の栄光を受けられなくなっています」（ローマ３・23）とあるように、私たちは罪の結果として神の栄光を受けられなくなっていることをはっきりさせなければなりません。

的からはずれることを罪と言いますが、わずか1センチでも、はずれたら罪です。それが何センチメートルであろうが、何メートルであろうが、1キロメートルだとしても同じ罪です。神はどれだけ悪いかでなく、的がはずれていることに関心がおありなのです。そして、そのためには、的が何であるか、つまり私たちは何に対して罪だと言われるのかを知らなければなりません。

ですから、「この神殿を示しなさい。それは彼らが自分の罪を恥じ、神殿のあるべき姿を測るためである」（10節）と言われているのです。神がどのような方であるかを教え、私たちに罪の姿を知らせようとしているのです。イザヤも同様の体験をしました。神の栄光にふれたことで、自分がいかに汚れているかを知り、「災いだ。わたしは滅ぼされる。わたしは汚れた唇の者。汚れた唇の民の中に住む者」（6・5）と叫びました。

伝道する時は、まず罪から話すべきだと主張する同級生がいました。彼はこういうアプローチをしました。「あなたは本当に腐った、性根の悪い、とんでもない罪人であることを知っていますか」。彼にこう言われた多くの人たちは、彼を拒みました。彼は「私は義のために迫害された」と言っていましたが。

まず神のきよさを知ることです。イザヤに起こった出来事、そしてエゼキエル書で何が起こったかを知ってください。聖なる神の臨在にふれた時、自分の罪を恥じ、私は汚れたどうしようもない人間だと自ら告白するようになるのです。

洗剤のコマーシャルで、白いシャツを着た人が誇らしげに立っています。そこに、強力洗剤で洗ったもっと白いシャツを着た人が来てこう言うのです。「あなたのシャツは灰色だね」。その途端、誇らしげだった顔は曇ります。エゼキエルに対して神は「神殿について人々に語りなさい。あなたが見たものを、そして神の栄光がどんなものであるかを語りなさい。神殿についてあなたが語るなら、彼らは自分の罪を恥じるようになる」と言われたのです。

しかし、罪がわかっても、果たして私たちはきよくなることができるのでしょうか。

11節に「もし彼らが行ってきたすべてのことを恥じたならば、神殿の計画と施設と出入り口、そのすべての計画とすべての掟、計画と律法をすべて彼らに知らせなさい。それを彼らの目の前で書き記し、そのすべての計画と掟に従って施工させなさい」とあります。つまり、自分の罪に気づいたなら、今度は神殿がどのようになっているのか、その働きを教えるように示し、それを受けて祭壇について書かれています。祭壇で何が行われたのかが記されています。これこそが、私たちにどうきよくなるのかを教えている大切な個所なのです。

18節からは、神に近づくために何をどのようにささげるかが記されています。これはレビ記に出てくる5つの献げ物で、神の民が幕屋に近づくための大事な方法でした。これはホーリネスの法則をも示しています。レビ記に出てくるのとは逆に、賠償の献げ物、贖罪の献げ物、和解の献げ物、穀物の献げ物、焼き尽くす献げ物の順でお話しいたします。それは私たちが神に近づく順序でもあるからです。

私が幕屋の外の椅子に座っていたとします。一人の人が雌の小羊を携えて近づいてきました。

彼が幕屋の入口にいる祭司に小羊をあずけると、祭司は注意深くその小羊を調べました。傷があってはいけないからです。傷がなければその小羊を殺し、その血を祭壇に注ぎかけたのち、様々な部位に分けていきました。その人が幕屋から出て来た時、私はその人に聞きました。「何をしていたのですか。なぜ傷のない、罪のない小羊が殺されなければならなかったのですか。なぜ殺された小羊の血が流れるのを見なければならなかったのですか」。その人は言います。「自分が間違った行いをしていたことに気づいたからです。やってしまったことを取り消す力は私にはありません。そこで、私はこの小羊を賠償の献げ物とするために引いてきたのです。罪を自覚せず、無意識で犯した罪でも、血を流すことなしに赦される罪はないことに気づき、ささげたのです」。

次の日も、昨日と同じ人が今度は山羊を連れて来るのを見ました。

私は聞きます。「昨日、あなたの罪は赦されたじゃないですか。別の罪を犯したのですか」。彼は答えます。「いいえ違います。昨日、確かに罪の赦しをいただきました。しかし私は、表に現れる罪の行為は、私の内側の罪の性質に原因があると気づいたのです。そこで、自分の自我を殺すため、自分と一つになったとみなされた山羊を贖いの犠牲するために、贖罪の献げ物をするのです」。パウロが言っているように、十字架は、私たちの罪の贖いであると同時に、自分自身がキリストと共につけられ、死ぬべき十字架でもあることを示しているのです。

また次の日。賠償の献げ物、贖罪の献げ物をした人が、羊を引いてやってきました。

「また罪を犯したのですか。でももうあなたの罪のための献げ物ではないですよね。この羊は何のためですか」。「私は自分の罪が、思っていたよりもっと重要で大きい罪であることに気づきました。私の人生だけでなく、神との関係をめちゃくちゃに壊してしまっていたのです。私は、罪の赦しだけではなく、神と親しい交わりを持ち続けていくことが大事なのだと気づいたのです。そこで和解の献げ物を携えてきました」。罪は神との関係を破壊します。ローマ5章には、和解によって神との深い交わりが得られると書かれています。神との親しい交わりに生き、それを喜ぶために私たちは救われたのです。

次の日、また同じ人がやって来ました。今度は焼いたお菓子を持っています。イースト菌が入っておらず、油が使われており、いい匂いがただよってきます。

「今度は何をするのですか」。「罪は赦され、自我はキリストの十字架につけられました。神との交わりも回復されました。しかしこの穀物の献げ物は、私の生活すべてに神のきよさをあらわそうとすることを意味しています。罪を意味するパン種を使いません。油は入っています。油は聖霊を意味します。私の仕事、家庭、教会生活において、また余暇やお金の使い方にしても、全部が主の御手の中に、主の支配の中にあるようにと、穀物の献げ物をするのです」。アベルの供え物が受け入れられ、カインのものはなぜ受け入れられなかったのでしょうか。順番が違ったのです。血を流さずに罪の赦しはあり得ません。まずそれが必要とされるのですが、カインはそれをせずに穀物をささげたから、拒まれたのです。

次の日にまた同じ所に座っていました。例の人が、今度は若い牡牛を連れてきました。

「大きな牛ですね。今度はよほど大きな罪を犯したのですね」。「私はこれまで4つの献げ物をしました。これが最後の献げ物です。私の夢、私の希望や計画も、私のすべてを祭壇に持って行き、それらの権利をすべて放棄する決意です。この牡牛が殺され、そのすべてが神の前に焼き尽くされる時、神に受け入れられ、神の前に良い香りとしてたちのぼる献げ物となります」。

焼き尽くす献げ物は律法以前からありました。アブラハムは神からイサクをささげるよう求められました。その時に焼き尽くす献げ物としなさいと言われていたのです。アブラハムが神から与えられた約束は、すべてイサクの肩にかかっていました。望みや希望もあったでしょう。25年間も待ってやっと与えられた子です。しかし神は「全部私に渡しなさい。あなたの希望も夢も全部私に委ねなさい、あなたにした約束についても全部私に委ねなさい」と言われたのでした。この出来事の次に、焼き尽くす献げ物について出てくるのが、レビ記の主の宮の規定になっているのです。

神の宮で私たちは神の臨在に触れて、献げ物を携えずにはおれないほどの取り扱いを受け、そして最後にはすべてが焼き尽くされ、良き香りをたちのぼらせることができるようになるのではないでしょうか。

レビ記というのは神の視点から書かれています。最初が焼き尽くす献げ物なのは、それが最終的な目標であり、神の関心事だからです。けれども人間の視点から言うならば、逆になります。それは、私たちが焼き尽くす献げ物をしたとしても、そのめぐみから落ちてしまうことがあるからです。気づいたなら、私たちの不従順を神の前でもう一度悔い改めましょう。神との交わりを失ってはいませんか。もう一度和解の献げ物をもって神との関係を回復しましょう。

エゼキエル書44章1～2節に、「それから、彼はわたしを東に面した聖所の外の門の方へ連れ戻した。門は閉じられていた。主はわたしに言われた。『この門は閉じられたままにしておく。開いてはならない。だれもここを通ってはならない。イスラエルの神、主がここから入られたからである。……』」

とあります。なぜこの東の門は二度と開いてはならず、固く閉ざされたままにしておかなければならないのでしょうか。「主がここから入られたから」です。一度主がそこから入られ、神の栄光がそこを満たしたらそれで十分だからなのです。何か不足しているかのように出入りする必要がまったくないから、閉ざされたのです。

「神は、わたしたちをキリストにおいて、天のあらゆる霊的な祝福で満たしてくださいました」（エペソ1・3）とありますし、「主イエスは、御自分の持つ神の力によって、命と信心とにかかわるすべてのものを、わたしたちに与えてくださいました。それは、わたしたちを御自身の栄光と力ある業とで召し出してくださった方を認識させることによるのです」（IIペトロ1・3）ともあります。他の物が入り込む余地がない神の祝福が、そこにはあります。私たちは時々何かに不足したように思います。キリストだけでは足りず、ほかのものが必要なのでしょうか。そうではありません。キリストを知ろうとすることが不足しているのです。キリストの広さ、深さ、高さを知っていくことがクリスチャンの成長なのです。

私と妻は33年前に結婚した時から他に妻も夫も必要ありません。私と彼女の生涯が一緒になった時、お互いを深く知るようになり、愛は深まっていきました。私は結婚式で「2つの一緒」についてお話することがあります。横に並んで同じ方に歩く一緒、もう一つはお互いに向き合っている一緒。夫婦においては後者のように、互いを深く知ることのほうがより大切なことです。私たちもイエスさまとの関係において、このようでありたいと思います。ただ単に聖書を読んでお祈りするということではなく、イエスさまの臨在を感じ、イエスさまのみ顔を見るような時間を過ごさせていただきたいものです。

神の宮、それはホーリネスそのものです。私たちは神のきよさを知るごとに、祭壇に犠牲を献げつつ、自らもホーリネスの歩みをしていくのです。そして、イエスさまはすべてを超えたお方、私たちの生涯を満たしてくださるお方であることを深く知っていく、それが「閉ざされた門」の意味です。最初にしなければならないことは他の神々を除くことでしょう。いろいろなものが私たちの偶像になっているかも知れません。私たちの心を守り、神の前にすべてを委ねていきましょう。

（文責・土屋和彦）

〈バイブル・リーディングⅢ〉

いのちの河

チャールズ・プライス

エゼキエル書47・1～12

エゼキエルが、幻の中で見た神殿についてお話してきました。これは信じる者のうちにある神殿の比喩です。この幻の中心は、主の栄光がその神殿に満ちたことです。新約聖書では、「この奥義は、あなたがたのうちにいますキリストであり、栄光の望みである」と言われています。神は「ここはわたしの王座のあるところ、そこを占領し、御足を置くところ」と言われますが、まさに信じる者のうちには、キリストがその王座に着いておられ、彼らは主の勝利のうちを歩んでいくのです。神殿を支配する法則は、きよさの法則でした。

47章で、エゼキエルは、神殿の外に連れ出されます。その南側の敷居の下から一つの川が流れていました。1節では、川でなく水と言われています。漏れ出る滴りのようであったのです。測りなわを持っている人がそこから一千キュビト（約五百メートル）を測りますと、その水はくるぶしのあたりまで来ていました。さらに五百メートル測ると、水はひざに達し、あと五百メートルで腰に達し、さらに五百メートルで、もう立つことができず、泳がなければならないほどの、しかも渡り切れないほどの水かさになったのです（5節）。

ここに、興味深い、美しい描写を見ます。神殿には、神の王座があり、神の栄光が満ちていました。そこから流れ出る祝福が、広く、深くなっていくのです。まさに神の持っておられるご目的なのです。私たちから流れ出るものが多くの人を豊かにするのです。私たちの目には、ほんの水漏れのようにしか見えず、多くの場合、「いったい何をしてきたのだろう」と私たちは失望するかもしれません。でもその滴りがだんだん広く深くなっていくのです。

私たちが自分の生涯を神におささげするとき、神は大きなことをしてくださいます。主は神殿の庭に立ってこう言われました。「だれでもかわく者は、わたしのところにきて飲むがよい。わたしを信じる者は、聖書に書いてあるとおり、その腹から生ける水が川となって流れ出るであろう」（ヨハネ7・37〜38）。ヨハネは説明を加えています。「これは、イエスを信じる人々が受けようとしている御霊をさして言われたのである」。

アンドリュー・マーレーは、『ペンテコステの祝福のすべて』という本を書きましたが、彼は、イエスさまの教えの全体がこのみ言葉に集約されている、と述べています。神は、私たちのうちになさることにより、私たちを通してそとの人々を潤してくださるのです。

6節に、「人の子よ、あなたはこれを見るか」と言われています。そして、もう一度エゼキエルを川岸に連れ戻したのです。「川の岸のこなたかなたに、はなはだ多くの木が」ありました（7節）。その水が、アラバを経て「よどんだ海」（死海）に入ると、「それは清くなる」のです（8節）。「おおよそこの川の流れる所では、もろもろの動く生き物が皆生き」（9節）、「川のかたわら、その岸のこなたかなたに、食物となる各種の木が育つ」のです（12節）。

この川は三つのものをもたらします。新しさ（きよさ）といのちと実です。

1　新しさ（きよさ）

8節には、死海を清くする、新しくするとあります。死海は一番よどんだ海です。海抜で言うと最低の場所で、どこにも流れず、蒸発のみが水が出ていく方法なのです。塩分と沈殿物が31・5パーセントだそうです。沈むことができず、浮きながら新聞が読めます。まさに死の海であり、いのちがなく、魚も植物も育ちません。ほんの少しのバクテリアのみです。驚くべきことに、この川がそこに入ると、そこは清く、新しくなるのです。神の御業の美しい描写と言えます。私たちと神との関係はいつも新しいものでなければなりません。

エレミヤはバビロン帝国によって荒廃に帰したエルサレムの廃墟を歩きながら、哀歌を書きました。

悲しみの歌です。愛する街が徹底的に破壊されたのです。彼の心は引き裂かれていました。でもその哀歌3章22~23節に彼は歌っています。「主のいつくしみは絶えることがなく、そのあわれみは尽きることがない。これは朝ごとに新しく、あなたの真実は大きい」。彼は悲しみの極地にいました。「私はだれに頼ったらいいのだろうか」。「神さまは毎朝新しい方なのだ」。

ヨブは大きな苦しみを通りました。十人の子どもを亡くし、収入の道も財産もなくなりました。妻は彼に背を向けてしまい、友だちは彼を責めたてるのです。彼は「もう生まれなかったほうがよかった。神に見捨てられた」と思うほどでした。でも、彼はこう言っています。「わたしの根は水のほとりにはびこり、露は夜もすがらわたしの枝におくであろう。わたしの栄えはわたしと共に新しく、わたしの弓はわたしの手にいつも強い」(ヨブ記29・19~20)。皆さんは毎日新しい神の御臨在の中に生きておられるでしょうか。マナは毎日一日分を集めるように、六日目には二日分を集めなさいと言われました。多く集めた者も多すぎることなく、少なく集めた者も少なすぎることはなかったと記されています。次の日はまた新しいマナが与えられたのです。あるイスラエル人は「毎朝はめんどくさい。明日の分も今日集めておこう」とテントの後ろに取っておいたのですが、次の日には虫がついて、臭くなっていました。霊的経験にも虫は付くのです。乾いてくるし、におい始めるのです。

聖会で恵まれても、だんだんもとに戻ってしまいます。また充電しなければ、というバッテリー方式ではなく、いつも電源につながれ毎日力をいただくような霊的方式が大切なのです。

若い時信仰に熱心であった方が、十八年も神から離れていたのに、人々に良い影響を与えて亡くなった友人の葬儀をきっかけに、主に立ち返ったのですが、「救いの喜びを返してください。十八年前に持っていたものを戻してください」と祈っていたそうです。でも、そうはなりませんでした。なぜなのでしょうと彼は私に助言を求めてきました。私は、「十八年前でなく、今日くださる恵みを与えてください」と祈ったらどうですかと言いました。しばらくして彼に会ったとき、「十八年前とは違いますが、ほんとうに今イエスさまがいてくださることが私の現実となっています」と言ってくれました。神の恵みの新しさが、今日皆さんに届いているでしょうか。神の恵みは「朝ごとに新しい」のです。

2　いのち

二つ目に、この川のもたらすものは、いのちです。9節には、「この川の流れる所では、すべてのものが生きている」と記されています。あるとき、飛行機でインドの上空を飛んでいました。荒野で乾いており、何にもないところがありました。でも、はるか向こうにくねくねした緑の線が見えました。木や草などの植物だろうと思いました。真上に来た時、その真ん中に川が流れているのに気づきました。川はいのちをもたらします。10節には「すなどる者が、海のかたわらに立ち、エンゲデからエン・エグライムまで、網を張る所となる」と書かれていますが、川の両側に緑のいのちがあるばかりでなく、川の中にも魚というういのちが見られるのです。私たちは、まさにいのちを与える存在になることができるのです。

いくつか旧約と新約の違いがありますが、一例をあげましょう。旧約で、重い皮膚病は感染すると考えられていました。かかった人は、ベルを鳴らし、「私に近づかないでください」と言ったのです。汚れが、健康な人にうつると考えられていたのです。旧約には、悪いもの、汚れたものから離れるようにという多くの律法があるのです。でも、イエスさまが来られた時、もう一つのことが起こりました。主が重い皮膚病の人に触れられると、彼はきよくなりました。きよさがうつっていくようになったのです。

主は、「あなたがたは地の塩」です、と言われました。塩は腐敗を防ぎます。世の力に注意することは、大事でしょうが、汚れることを恐れて縮こまるのでなく、きよさを持ち運んでいく使命があるのです。私たちには、持ち運んでいくいのちが与えられているのです。ペテロは、「わたしにあるものを（あなたに）あげよう」と足の不自由な人に言ったのです（使徒3章）。そして、いのちが彼のうちに流れ込んでいったのです。この原則はクリスチャンの歩みにとって大事です。

3　実を実らせる

三つ目は、実を実らせるということです。「食物となる各種の木が育つ」と言われています（12節）。

実という言葉は聖書の様々な箇所で見られます。コロサイ人への手紙では「あらゆる良いわざを行って実を結び」(1・10)と記されていますが、実には木や根のような根源があるのです。主は「もし人がわたしにつながっており、またわたしがその人とつながっておれば、その人は実を豊かにむすぶようになる」(ヨハネ15・5)、「あなたがたが実を豊かに結び、そしてわたしの弟子となるならば、それによって、わたしの父は栄光をお受けになるであろう」(15・8)、「あなたがたがわたしを選んだのではない。わたしがあなたがたを選んだのである。……それは、あなたがたが行って実を結び、その実がいつまでも残るため」であると言われました(15・16)。ローマ7章にも、「こうして、わたしたちが神のために実を結ぶに至るためなのである」と言われています(4節)。ピリピ人への手紙には「イエス・キリストによる義の実に満たされて」と記されています(1・11)。ガラテヤ人への手紙5章22〜23節には、「しかし、御霊の実は、愛、喜び、平和、寛容、慈愛、善意、忠実、柔和、自制です」と言われています。これは品性の実です。まさにイエス・キリストのご品性でした。これは御霊の実であって、花ではありません。ここ(講壇の上)に花がありますが、それにより、この場所が素敵に見えるのです。クリスチャンは見て楽しむ存在ではありません。実は食べるものです。養うものです。果物はどこにありますか。集会の会場にではなく、レストランにあるのです。品性の実も、見て楽しむものではありません。愛されることに飢えている人を養うものなのです。人々が忍耐に対して、親切に対して飢えているときに、彼らを養うものなのです。

この川は神殿から流れ出ました。ますます深く広くなっていきました。死海にいのちを与え、よどんだ海を新しくしました。不毛の地に実を結ばせました。これが私たちの生涯に約束されていることなのです。

鍵は何でしょうか。それは、「その水が聖所から流れ出る」からです(12節)。聖霊によって武装されて、この世に仕えるために出ていく者、神の新しさを経験し、人々を祝福する実がいつまでも残る者、いのちを与える働きができる者としてここから遣わされていけますように。

(文責・岩井　清)

〈聖会Ｉ〉

払われた犠牲 ――究極のクロスワードパズル

スティーブ・ブレディー

マルコ15・33〜39

「マルコによる福音書」は一番短い、最初に書かれた福音書です。出来事が次々と速く進んでいきます。マルコは、41回も「するとすぐに」と繰り返しています。マルコは読者たちを一番重要な十字架の記事に速く連れて行きたかったからです。

イエスさまは十字架上で七つの言葉を語られました。今晩取り上げるイエスさまの言葉は、他のすべてに勝って深い意味のある言葉です。その言葉は34節です。「わが神、わが神。どうしてわたしをお見捨てになったのですか」。

今日は究極のクロスワード・パズルに皆さんをお連れします。クロスワード・パズルの「クロス」というのは、十字架です。十字架の真の意味に触れます。イエスさまの言葉は、神の心そのものに向けさせる言葉です。

クロスワード・パズルをする時には三つのことがあります。パズルの「表」が必要です。次に「ヒント」があります。「答え」を知るためには、次の日まで待たなければなりません。

主が十字架によって和解してくださった意味を、パズルを解くように考えたいと思います。私たちに神の御心の奥底がどのように現されているでしょうか？　この聖なる神と罪深い私たちの間にあった、どうしようもない幕と石がどのように砕かれ、どのように引き裂かれ、どのようにつながって行ったのでしょうか。

まず、一つの質問をしたいと思います。「なぜイエスさまは十字架にかけられたのでしょう？」。「十字架」は野蛮で残酷な死刑の道具でした。十字架は単に犯罪人を処刑するだけではありません。犯罪人に極限の苦しみを味わわせるためのものです。映画『パッション』は十字架刑の肉体的な苦しみがどれほどのものであったのかを知らせるためのものでした。イエスの時代、「十字架」は最もひどい犯罪人だけに用いられた処刑の道具でした。ローマ市民であるならば、どんな極悪人でも十字架刑になることはありませんでした。

イエスはこの地上において愛に満ちた生き方をされた方です。本当に優しい心の持ち主でした。そのお方が、犯罪人の十字架に架けられています。十字架の上におられるのです。

多くの人は「苦しみ、痛み」のために神から離れて行きます。人々は世の中にあるいろいろな苦しみ、あるいは痛み、あるいは辛いことを目にします。そんな時人々は思います。「神はいったいどこにおられるのだ。わたしの子供が死ぬ時に、神はどこにおられるのか?夫が子供を置いて出て行った時、神はいったいどこにおられたのか」。

ドクター・サンクスという人が、昼食の時に学生たちと聖書を学んでいました。ある日、ひとりの聖書を読んだこともなければ、キリスト教についても何も知らない留学生が忠実に聞いていました。しかし、聞いているうちに、イエスさまについて強い興味を持つようになりました。彼は木曜日にイエスさまが捕らえられた話は聞きましたが、金曜日の十字架のメッセージは聞きませんでした。学生はロンドンに帰り、次の週に先生を訪ね、金曜日の話を聞いていないので、一つの質問をしました。

「あのイエスという方は、裁判の後釈放されたのですか?」

しかし、イエスさまが十字架刑になったということを聞き混乱しました。

「イエスは釈放されなかったのか?」

皆さんは、その出来事をご存知です。イエスさまは釈放されることはありませんでした。イエスさまは罪のない、聖なる方です。しかし、犯罪者としての死を経験されました。このような時に神はどこにおられたのでしょうか。

このような状況の時に考えることは二つ。神が存在しないか、神がおられるとしても私たちのことは気にされないか、いずれかです。なぜ罪のないお方がこの苦しみを味わわなければならなかったのか？　このクロスワード・パズルには三つのヒントがあります。

わが神

第一は「わが神」という言葉です。この言葉は詩篇22篇からの引用です。「わが神」というのは、イスラエルの神を指しています。この世界を造られた「創造主」なる神、アブラハムを召してイスラエルを造られた神、エジプトで奴隷状態になっていた中から救い出された神、預言者を起こされた神、祭司たちに働きを与えられた神、また王を与えてくださった神、そして旧約聖書を通して、救い主なる神が来られる、わたしたちをあがなう方が来られるという約束をされた神でした。またこの神は、個人的な神でもありました。ダビデは詩篇の中で言いました、「主はわが羊飼い」と。イエスさまはわたしたちと同じような人間となられたから、わたしたちと同じように「わが神」と言われたのです。祈りにおいて、この苦しみの中に、祈りの中にわたしたちと全く同じ立場に立たれました。この十字架にかかられて、苦しんでおられるお方は、わたしたちと全く同じお方でした。

わたしを

第二は「わたしを」という言葉です。この「わたしを」という言葉を考えるときに、旧約聖書の「正しい者が苦しむ」というテーマを思い出します。ヨブなどがそうです。全き人であったにもかかわらず、崩れ去って行ってしまいました。「わたし」とはだれなのでしょう。

もちろんそれはイエスさまです。羊飼い、言葉をもって嵐を沈める方、人々を悪霊から解放された方、死にそうになっていた女の子のもとに行こうとしている途中で、12年間長血を患っている女性がやって来て、癒され、「こんなことをしていたら、ヤイロの娘は死んでしまうのではないか」と思われましたが、12歳の娘は生き返りました。このようなお方が、他にどこにおられるでしょうか？イエス・キリストは真実に「人」でした。しかし、イエス・キリストが「人」であったということは、氷山の一角です。イエスさまは「アブラハムの生まれる前から、わたしはいるのです」と言われました。また「わたしを見た者は父を見たのです」とも言われました。わたしたちは、神の前に申し開きをしなければならないのみならず、イエス・キリストの前にも申し開きをしなければなりません。イエス・キリストの一番すばらしい点は、謙遜であられたことです。

釈迦は死ぬとき「わたしは何も残さないけれども、わたしの教えがすべてである」と言いました。しかしイエス・キリストは、そうは言われません。イエスさまは「わたしが道である。わたしに従ってきなさい」と言われました。イエスさまは「これが真理である」とは言わないで、「わたしが真理である」と言われました。百人隊長は「この方はまことに神の子であった」と言っています。わたしたちが理解できないことですが、イエス・キリストの中にまさにわたしたちと同じ「人間」の部分と「真の神である」こととの二つがあるのです。

見捨てた

第三は、「見捨てた」ということです。イエス・キリストが十字架に架けられる前に、多くの人はイエスさまを見捨てました。そんな中で「父よ、おゆるしください」と祈られました。しかし、ここでだけ「わが神」と祈っておられます。他では「アバ、父よ」と言われました。この「わが神」と「アバ、父」とは違うことを暗示しています。「自分が見捨てられる」ことを知っておられたからです。「見捨てられる」というのは、神から引き離されてしまうことです。ヨハネによる福音書では、「父とわたしは一つである」など、イエスさまは神とどんなに密接であるかと強調されました。

ではなぜ、神が神を見捨てることがあり得るのでしょうか。十字架は歴史上の出来事ですが、単なる「出来事」ではありません。あの十字架上で起こっていたことは、神さまの心の中にも起こっていたことだったのです。カルバリ山のあの十字架の出来事は、神の心の中の十字架であったのです。あの十字架の三時間の暗闇の中で、神が引き裂かれる、そういうことが起ったのです。永遠において父なる神と子なる神が、御霊によって密接につながっていたものが、あの瞬間に引き裂かれてしまったのです。神の心そのものが、あの十字架の上で引きちぎられたのです。

パズルに戻りましょう。なぜイエスが十字架に架かっているのでしょうか？　十字架で引きちぎられたこと、すべての破れた者、見捨てられた者、あらゆる痛み、人生の虚しさのすべて、われわれの罪のすべて、わたしたちの反抗のすべてが、そこで取り扱われたのです。罪のないお方が、すべての罪となってあの十字架で命を失われました。神の心が真空のような状態になって、わたしたちの中にあるすべての汚れを吸い取ってくださった。同時に神の愛が与えられ、赦しが注がれ、恵みが与えられたのです。イザヤも語っています。「この方はむち打たれた。われわれの罪のために、主は痛みを受けられた」と。使徒パウロは、このように言いました、「キリストはわれわれのためにのろわれたものとなって」くださった（ガラテヤ3・13）。ローマ8章3節では、「律法にはできなくなっていることを、神はしてくださいました」と言っています。第二コリント5章では、「神は、罪を知らない方を、私たちの代りに罪とされました。それは、私たちが、この方にあって、神の義となるためです」と言っています。

「罪」を「負い目」とか「借金」と言います。もしわたしが皆さんに多額の借金があり、その借金の返済をあなたが免除してくださったとしましょう。あなたが赦すときに、あなたがその代価を払ったのです。ある人は「赦すことなんか簡単だ」と言います。「赦すことは神さまのお仕事でしょう。だから神さまにとって問題ないでしょう」と言う人もいます。でも、家族のだれかに悲劇が起ったらどうでしょう。あるいはだれかのうわさ話によって、人生がメチャメチャになってしまったということがあったとしましょう。そんなとき、赦すということは簡単なことでしょうか。本当にひどいことをした人を赦すことは簡単なことでしょうか。しかしあの十字架に、神の大きな愛と恵みが明らかにされました。

創世記22章でアブラハムは言いました。「主ご自身が羊をお備えになる」と。わたしたちすべてが経験しなければならない「見捨てられた」こと、神から引き離されてしまったこと……。そのために必要な小羊を、神ご自身が備えてくださったのです。ある人がこのようなことを言いました。「わたしは神が十字架で死んだ」とは言わない。しかし、「十字架で死なれた方が神であったと言う」。イエス・キリストの十字架は何を成し遂げたのか。英語では一つの言葉で言えます。エブリシング(すべて)ということです。罪が赦され、新しい生活が始まり、すべてが完了しました。あの神殿の幕が真二つに裂けました。今はイエス・キリストの十字架の死によって、わたしたちはいつでもイエスさまのところに行くことができるようになりました。そして、神もわたしたちの内に深く入ってくださいます。

キリストの中に赦しがあります。キリストの中に全く新しい命があります。わたしたちは見ます。わたしたちに新しい天と新しい地が入ってくるのを！　これらすべてのことは、あのゴルゴタの丘で、あの三時間の暗闇の中で起こったことのゆえに、可能になったのです。

あなたは神から遠く離れているように感じますか。しかし十字架は言います。神は独り子を十字架につけるほどにこの世を愛されたと。

15章40節には「遠くのほうから見ていた女たち」とあります。しかし、イエスさまはわたしたちが「遠く」から十字架を見ることを願ってはおられません。「遠くから」見るのではなくて、「十字架の所に来なさい」と主は招いておられます。あなたの罪の重荷を十字架のもとに持ってこられましたか。あなた自身をあの十字架のもとに持ってこられましたか。それとも、「遠くから見ていた」女たちのようでしょうか。

あなたは聖なる者として生きていきたいと思われますか。神の栄光のために生きていきたいと思われますか。神と共に生きるために神から力をいただいて歩いて生きたいと思われますか。あなたが生きるために必要なことはすべて、十字架で死なれたイエスの中にあるのです。感謝をしましょう。

（文責・錦織博義）

〈聖会Ⅱ〉

祝福された共同体となるための重要な心得

——ヨハネ第3の手紙に学ぶ——

峯野 龍弘

ルカ5・1〜11

この個所は、ペテロやゼベダイの子ヤコブ、そしてヨハネたちの弟子としての召命の場面ですが、ここに次の四つのステージが描かれています。すなわち、①徒労と失意の現実、②その現実への御言葉によるチャレンジ、③そのチャレンジへの応答、④その応答に伴う主の御約束です。

この順に従ってご一緒に見てまいりましょう。

一、徒労と失意の現実

1節、2節には、はっきりしたコントラストの場面が見られます。1節に、「群衆が神の言《ことば》を聞こうとして押し寄せてきた」とあり、そこにはすごいざわめきと熱気のようなものが感じられたはずです。一方、それには無関心であるかのように背を向けて、無言で網を洗っている漁師たちがそこにいます。それは夜通し働いたのに一匹の魚もとれずに、すっかり意気消沈して肩を落としてふさぎ込んでしまっている姿です。

5節をある私訳では、「夜通し骨折りましたが」としてますが、結果は骨折り損のくびれもうけでしかありませんでした。ただ収穫がなかったからというだけではなく、今までの経験までもが否定されてしまうような、プライドもへし折られて、言い知れない徒労感と挫折感へと彼らを追い込んでしまっていたのであろうことは容易に想像できる場面ではないでしょうか。

私たちもしばしば経験することではありますが、この記事はまず、どんなに一所懸命やっても、また過去の経験すら役に立たず、結果が必ずしも思うようについてこないで、徒労としかいいようのない現実に直面することがあるという認識の必要を示唆しているように思えるのです。

二、その現実への御言葉のチャレンジ

ある本にゴルフボールのことが書いてありました。ご承知のようにゴルフのボールというのは表面がでこぼこしていてへこみがあります（ディンプル）。もしこれがピンポン球のようにつるつるしていたら、どんなに強くまたうまく打ったとしても、決してあのように遠くまで飛ぶことはないのだそうです。実はあのへこみのでこぼこが風の抵抗にあって、羽のような役割をはたしてあのように遠くまで飛ぶのだということです。

私たちの人生にもしばしばへこんでしまうような出来事が多々あります。でも、より飛躍するためには、そのへこみも必要なプラス要因になるのだと受け止めたいものです。この漁師たちの場合はどうだったのでしょうか。

イエスは押し寄せている群衆から目を離して、空っぽの小舟と、そして力なく失意の重い心で網を洗っている漁師たちに目を留められたのでした。そして舟を出すようにと頼まれたのです。この舟はほんとうでしたら魚でいっぱいのはずでした。もしいっぱいでしたら用いられることはなかったでしょう。イエスはその小舟に乗って群衆に語られたわけですが、失意の象徴とも思われる空の小舟を神の言葉の御用に用いられたということなのです。

7節を見ますと、後でこの舟は沈みそうになるほどの魚でいっぱいになったとあります。時に失意は必要でさえありますが、イエスというお方は決してそのままにしておかれる方ではなく、それを生かして用いてくださるすばらしい方であることが分かります。そしてそれは「沖へこぎ出し、網をおろして漁をしてみなさい」という神の言葉の発動によって始まるのです。徒労と見える現実に神の言葉が切り込んできてくださったのです。このペテロをはじめとする漁師への御言葉のチャレンジは、まさに再生、回復、希望へのチャレンジでありました。

5節の、「夜通し働きましたが」というのは、魚は夜のほうがとれるということではありましょうが、収穫のなかった夜というのは、心の中の先が見えない闇や暗さを象徴するようでもあります。でも創世のはじめから「夕あり、朝あり」とあるように夜があって朝はくるのです。〝朝顔にとっては、夜の暗さと冷たさは、よりきれいに咲くために必要〟というのを読んだことがありますが、ときに失意と挫折の夜は必要なのかもしれません。

三、そのチャレンジへの応答（決断）

イエスのチャレンジは4節、「沖へこぎ出し、網をおろして漁をしてみなさい」でした。それに対して彼らは、「お言葉ですから」と応答したのでした。

この応答はまず第一に、彼らの自己放棄の決断を意味しています。彼らは言おうとおもえば、疲れているのに、いま網を洗ったばかりなのに、夜とれないのに昼やったって、私たち専門家がやってもだめだったのに、とかいくらでも主張できたでしょうに、その自己主張することを放棄して従う決断をしたということです。

第二に、これは発想の転換を促すチャレンジへの応答でした。D・ボッシュの『宣教のパラダイム転換』（東京ミッション研究所）という本の中で、「宣教のパラダイムの転換というのは、教会の危機的な状況におかれていると認識するところから生まれてくる」ということが強調されています。

弟子たちにとってまさに危機的な状況の中で迫られた決断でした。いま日本の教会を見渡すときどうなのでしょうか。危機的な閉塞状態にあると言われて久しいようですが、それをどの程度認識しているか、そしてそれをどう好機へと転換させることができるか、今までだめだったら、今こそ方向を変えて沖へこぎ出す決断に踏み切るべきときなのかもしれません。

第三に、これは深みに漕ぎ出すようにとのチャレンジに対する応答でした。それは単にやり方や方策を変えるということだけではなく、新改訳にあるように、「深みに漕ぎ出して」ということです。私自身としても、今、求められているのは、そして欠けているのは、「深み」だなと思わされています。今さら間に合わない年令ではありますが、伝道者50年以上のキャリアがありながら、何と深みのないうすっぺらな、中味の乏しい伝道者だろうかとつくづく思わされ、一番の問題はそのうすっぺらさの認識の足りなさにあるのかなと思わされる昨今です。あの「沖へいでよ」という賛美があるように、お互いもっと沖へ、深みへ、漕ぎ出させていただきたいものです

第四に、この応答は御言葉に従って実際に行動する決断でありました。今まではどうであろうと、自分がどう思おうと、またたとえ結果がどうであろうと、実際に行動しなければ何も起こらないわけですから、とにかく「お言葉ですから」とお言葉に従う決断に踏み切ったのでした。結果はどうだったのでしょう。6節には、「そのとおりにしたところ、おびただしい魚の群れがはいって、網が破れそうになった」というのです。まさに常識破りの大漁となったのです。神のお言葉の挑戦に聞き従ったとき、人間的な常識や経験や理屈をくつがえす驚きの御業が起こったのです。

それはやがての前ぶれではなかったでしょうか。ペンテコステのときには、ペテロの説教でなんと

三千人もの人々が一度に救われるという出来事が起こったのでした。だからゴルヴィツアーという人は、「教会はイースターの後でもなく、ペンテコステとともに始まったのですらなく、このルカ5章1〜11節とともに生起するのである」とさえ言っているほどの出来事でした。

四、応答（決断）に伴う主のお約束

この出来事はペテロを砕いてしまいました。8節に、「ひれ伏して」とありますが、このような驚くべきことをなさる偉大なお方の前に、なんと自分は傲慢な、不信仰な、罪深い者であったかと、ここで自己崩壊が起きたのでした。

実はイエスが、「網をおろして」と言われたときの「網」は原語では複数になっているのです。でも実際におろした網には単数が使われています。ペテロの気持ちとしては、こっちはプロで一晩中やってもだめだったんだから、どうせ無駄でしょうけど、ま、おっしゃるから、とりあえず一つだけでもおろしてみましょうか、といったところだったのでしょう。ところが網が破れそうになるほどの大漁です。「ああ、ごめんなさい。イエスさまをみくびっていました。自分の経験の方が勝っているぐらいに思っていました。ゆるしてください」、とばかりひれ伏したのでした。5節ではイエスを、「先生」と言っていましたが、8節では「主よ」と呼んでいます。イエスを「主」と認めずにはおられなかったのでしょう。

そのペテロに対して主は10節に、「恐れることはない、今からあなたは人間をとる漁師になるのだ」と言われました。「今から」はルカが好む表現で5回ほど用いられていて、新しい事の始まりを宣言する意味での、「今から」です。徒労の現実の中にあっても、そこに語りかけてくださる主の御言葉に、不十分でありながらも従って行動しようとするとき、今まではどうであれ、「今から」、「今から後」（新共同訳）、「これから後」（新改訳）は新しく造り変えてくださるというのです。ここの、「人間をとる」はゾーグレオーで、「生かす」と「とらえる」の合成語で、「人を生かす人にする」を意味すると言われます。ペテロをはじめ他の弟子たちも実際に多くの人を生かす人として神に用いられたのでした。

ペテロはその後もすべて順調にいったわけではなく、苦い経験もし、もうだめだと思うようなところも通ったのでしたが、憐み深い主は忍耐深く彼を取り扱い、御約束通りに多くの人を生かす器に仕上げてくださったのでした。主は復活後にペテロに現れ、再び大漁を与えたのち、失敗にうちひしがれていたペテロに、「わたしを愛するか」と呼びかけ私の羊を飼うようにと命ぜられたのでした。

戦時中、牧師であった父は弾圧を受けて捕えられ、教会は閉鎖、牧師職を剥奪されて追放、止む無く軍需工場で働くことになり、戦後になってもいろいろな事情が重なって、もう牧師には復帰できないというところまで落ち込んでおりました。そんな中、ある集会で、「私を愛するか」、「あなたは私に従って来なさい」という自分の召命の時の御言葉に接し、父は私の隣で嗚咽し、「主よ従います」と涙ながらに祈っていた姿を忘れることができません。そこから主は父を再起させ、この私もその年に献身し、今日に至らせていただきました。主の御愛と御約束はまことに真実です。

ペテロはやがてペンテコステにおいて聖霊の満たしを受け、救霊における大漁の御業を拝するにいたったのでした。イエスが地上を去って行かれるときにはまだまだ頼りない状態の他の弟子たちも、主が約束されたように聖霊が彼らに臨んだとき、別人のようになって地の果てまで主の証し人となりました。

アメリカの教会学校の歌に、I will make you fishers of men …… if you follow me というのがあります。I will make you,「あなたを造り変えてあげる」と主はおっしゃるのです。If you follow me,「もしあなたが私に従ってくるなら」、ということですね。

今晩、従ってまいりましょう。今までどんな失敗があったとしても、「恐れることはない」のです。「今から後あなたは」主によって造り変えられて、主のお役に立つ人に仕上げていただくことができるのです。信じようではありませんか。

〈聖会Ⅲ〉

私たちの内に働く神の力

スティーブ・ブレディ

エペソ1・15～23

私は、これまで、いくつかの教会で牧会をしてきましたが、よく同じ質問をされました。「あなたの教会は上手く行っていますか」という質問です。そのような質問にはいつも「エペソ書1章です」と答えます。パウロがエペソ書1章で経験しているのと同じだという意味です。というのは、エペソ書1章の半分は、神を賛美する言葉であり、残りの半分は、神に助けを求める祈りだからです。バランスの取れたクリスチャン生活は、神への賛美と神への祈りの生活と言えます。

この手紙はどのような書き出しで始まっているでしょう。1章1節に「キリスト・イエスにある忠実なエペソの聖徒たちへ」とありますが、すべてのクリスチャンは2つの住む場所をもっています。エペソのクリスチャンの場合は、エペソに住んでおり、同時にキリストの内に住んでいるからです。

人々にとって、出身地は大切なものです。エペソは非常に大きな町で、多文化都市であり、同時に不品行の街であり異教の盛んな都市でした。大部分の人はローマ皇帝を礼拝し、また、市内には、世界の七不思議の一つに数えられた女神アルテミスを祀った壮麗な神殿がありました。

そのような町に、キリスト教会が生まれたのです。当時のエペソの人々の目には、その教会は非常に小さな宗教団体に見えたことでしょう。しかし、神の目から見ればエペソ教会の人々はすばらしいアイデンティティを持っていました。そのことが1章3節～14節に書かれています。多くのクリスチャンが「私はごく普通のクリスチャンです」と言いますが、クリスチャンが平凡な人間であることは不可能です。

この箇所は3つの部分に分けられますが、神を讃美する言葉が繰り返されています。6節では神の恵みが称えられ、12節と14節では神の栄光が称えられています。この個所を注意して読めば、私たちが礼拝している神がどれほどすばらしい方であるかが分かります。そして私たちは、そのような神から愛されている者であり（3～6節）、私たちは御子キリストによって贖われた者であり（7～12節）、そして聖霊なる神が内住してくださる者（13～14節）なのです。つまりクリスチャンが救われることの中に、父、御子、聖霊の三位一体の神が豊かに働いておられるのです。すべてのクリスチャンは神の奇跡の働きの生き証人です。三位一体の神が私たちを救ってくださったことは奇跡です。

あなたは、今日、クリスチャンでありながら、キリストを見出せなくて、いろいろな道をぐるぐる回っているような経験をしていますか。パウロは、この個所で試練や困難を経験していたクリスチャンたちのために祈っています。「栄光の父が、神を知るための知恵と啓示の御霊を、あなたがたに与えてくださいますように。また、あなたがたの心の目がはっきり見えるようになって、神の召しによって与えられる望みがどのようなものか、聖徒の受け継ぐものがどのように栄光に富んだものか……を、あなたがたが知ることができますように」（17～19節）。彼の祈りの目的は19節に記されているように、クリスチャンが「神の全能の力の働きによって私たち信じる者に働く神のすぐれた力がどのように偉大なものであるかを」、経験することによって知ることなのです。

宇宙のどこかを中心だと考えてみるとき、その中心から宇宙の端がどこにあるかは見えません。同じようにキリストを中心に置いたとしても、キリストの愛は宇宙の果てのように広く深いので、中心からは見えないのです。ですから、私たちは、絶えず、聖霊に満たされ続けなければなりません。聖霊は、私たちの内にあって働き続けてくださるからです。私たちは朝毎に、み言葉のマナと神のあわれみを味わわなければなりません。

1章19、20節で、パウロは4つの重要な言葉を用いています。その中の一つが力と訳されている言葉ですが、ダイナマイトの語源になっている言葉です。もう一つの力と訳されている言葉はエネルギーと関係する言葉です。私たちがクリスチャンとして生きて行くときに、どこからその力を得ることができるでしょうか。クリスチャンは、自分自身の内にはその力がないことを知っています。私たちは無力な者です。しかし、パウロは第2コリント12章で、「私が弱いときにこそ、私は強い」（10節）と言いました。そして主はパウロに「わたしの恵みはあなたに十分である。……わたしの力は、弱さのうちに完全に現れるからである」（9節）と言われました。神の力とは、神がこの世界を無から創造されたときに働いた力であり、父なる神が御子を死から復活させたときに働いた力です。それと同じ力が神を信じる者の内に働くのです。

1　キリストの死に対する勝利の力

20節には「神は、その全能の力をキリストのうちに働かせて、キリストを死者の中からよみがえらせ」たと書かれています。ケズィックにいろいろな教派のクリスチャンが集まるのは、信仰のために守るべき事柄で一つとなっているからです。その最も大切なことは、パウロが第1コリント15章3、4節に記しています。「私があなたがたに最もたいせつなこととして伝えたのは、……キリストは、聖書の示すとおりに、私たちの罪のために死なれたこと、また、葬られたこと、また、聖書の示すとおりに、三日目によみがえられたこと」です。

キリストの死は私たちの罪が赦され、神との正しい関係に入ることを意味します。私たちはキリストと共に死にました。しかし、キリストは聖書に従って死からよみがえられました。このことがどれほど栄光に満ちたことであるかお分かりでしょうか。我々が地上で出会う人間はすべて死に向かって歩んでいます。

多くの人は、死は自分には関係ないことだと考えています。死はすべての人に訪れます。多くの人は死後に何があるのか知りません。世界中の民族、宗教には、死後についてさまざまな考えがあります。どんなに偉大な哲学者であっても、宗教学者や政治家であっても、誰もがこの世に生き、そして必ず死ぬのです。

キリスト教が、他の宗教や思想とまったく違っている点がここにあります。私たちの主イエスは私たちの罪のために死なれ、そしてよみがえられました。主イエスは、十字架で死に、他人の墓に埋葬されました。イースターの朝、弟子たちが主イエスの墓に来た時に、墓の入り口の石が転がっていました。墓の中は空っぽで、イエスの遺体にまかれた布だけが残っていました。主イエスは、確かに、肉体をもって死からよみがえられました。

しかし、復活とは単に死からよみがえることではありません。福音書を見ると、主イエスは、死んだ人を生き返らせておられます。しかし、この人々は後に再び死を経験しました。復活とは、単に、肉体が再生することではありませんが、復活には、確かに肉体のよみがえりも含まれていました。それで、復活された主は、驚き恐れている弟子たちに「よく見なさい。霊ならこんな肉や骨はありません。

わたしは持っています」と言われました。

また黙示録1章では、主は「わたしは死んだが、見よ、いつまでも生きている」と言われました。エルサレムにある園の墓に行くと、墓の入り口に看板が掛けられています。そこには「主はここにはおられません。よみがえられたのです」と書かれています。誰かが2000年前に死んだということによって、私たちは、どうして、自分の罪が赦されたと信じることができるのでしょうか。それは、死んだ方が死からよみがえられたことによるのです。私たちは、なぜ、キリストが全能の神の御子だと信じることができるのでしょうか。それは、父なる神が御子を死からよみがえらせたからです。なぜ、クリスチャンは、2000年も前に死んだ方と交わりを持っていると言うのでしょうか。主イエスが死からよみがえられたからです。主は私たちとともに生きておられ、永遠に生きる方です。主は私たちの最後の敵である死に打ち勝たれました。死を打ち破られた者は主イエス以外には誰一人いません。主イエスこそ、王の王、主の主なる方です。聖書は、主イエスの復活において働いた神の力が、信じるすべての者のうちにも働くと約束しています。あなたが、どれほど自分が無力だと感じているとしても、あなたの中にこの偉大な神の力が働くのです。

2　キリストが教会に対して持っておられる主権の力

次の点は、主イエス・キリストが教会に対する主権を持っておられることです。エペソ1章22節には次のように書かれています。「また、神は、いっさいのものをキリストの足の下に従わせ、いっさいのものの上に立つかしらであるキリストを、教会にお与えになりました」。

ビジネスの世界に「ペテロの法則」というのがあるそうです。人が会社で出世する場合に、自分の能力を超えた地位にまで出世してしまうという原則です。しかしながら、この法則は主イエスには当てはまりません。主は、いっさいのものを自分の足の下に従わせる権威を持っておられるので、教会のためにどのような働きもできる力を持っておられます。主イエスは、あなたの教会の問題を理解し解決する力を持っておられるでしょうか。それともあなたの教会の問題は主イエスにも解決できないほど難しいものでしょうか。すべての教会は主イエスの教会です。主は、私たちが主イエスの教会において自分勝手に働くことを望んでおられません。よく牧師は言います。「私の教会では」。「私の教会員が」。

もちろん彼らが言おうとすることは分かりますが、しかし、どの教会も牧師の教会ではありません。すべての教会は主イエスのものです。主イエスは教会のためにご自身の命を捨てられました。私たちは、主イエスの教会を自分の力でコントロールしようとしていないでしょうか。主は「わたしはわたしの教会を建てる」と言われました。主は、すべてのものの上に立つ権威を持っておられます。すべてです。だとすれば、主イエスがご自分の教会を守り助けるためにできないことは何一つありません。人間のすべての歴史が書かれたとすれば、その本の最後にくる言葉はイエスです。アルファでありオメガである主イエスには後継者はいません。全宇宙を支配する主権を持っておられるお方が、教会の主でもあらわれます。私たちがケズィックの集会を終えて、自分の教会に戻るときに、私たちはこの主イエスとともに教会に戻らなければなりません。なぜなら、すべてを変えるのは、私たちのうちに働く、偉大な主イエスの力だからです。

１９３０年代、アメリカの大恐慌時代、テキサス州にエイツという名の牧場がありました。経営は破産寸前で、銀行から融資も受けることができず、彼は極貧の生活をしていました。ところがある日、石油会社が牧場にやってきて試掘させてほしいと言いました。それは、地質調査の結果、この牧場の地下に石油が存在する可能性が高いことが分かったからです。試掘作業が始まり４００メートルほど掘った時に、石油が噴出しました。その埋蔵量は、その石油会社がこれまで掘り当てたすべての量よりも多かったのです。牧場主の問題はすべて一夜にして解決しました。極貧の生活をしていた人間が、一夜で億万長者になりました。

石油が牧場の地下に眠っていましたが、彼らは何も知らずに地表で貧しい生活をしていました。彼らが極貧生活をしていた時にも、牧場の地下には莫大な富が眠っていました。彼らは、地下に眠る豊かな資源に触れるまでは貧しかったのです。

私たちの信仰生活は、彼の生き方に似ていないでしょうか。深いところにある霊的な資源に触れることなく、乏しい信仰生活を送っていないでしょうか。英語の讃美歌の中に次のような歌詞のものがあります。

「私は、主イエスの声を聞いた。『見よ、私は渇く者には活ける水を豊かに与える。かがんで、飲んで、生きよ』」。

あなたは、この主イエスの招きの声に従いませんか。主が与えようとしている活ける水を、深みまで身をかがめて飲むなら、あなたの内にキリストの力がみなぎるのです。エペソ書は、キリスト者がどれほど豊かな富を持つ者であるかを教えます。主にある兄弟姉妹、どうか、身をかがめ続けて、主が与えようとしておられる豊かないのちの水を飲み続けようではありませんか。私たちの主は、全宇宙を支配するお方であり、私たちの教会のかしらであり、死から復活された主だからです。

（文責・小西直也）

〈早天聖会Ⅰ〉

天からのパン

出エジプト記16章

島　隆三

私たちは、3年前に東北大震災を経験しました。震災直後から、篤き祈りと共に国内外からの支援金や救援物資、そして多くのボランティアの方々の惜しみない支援をいただいたことを深く感謝します。被災地の復興はなお時間を要しますから、被災地の人々とそこにある諸教会のために、皆様の祈りと支えをお願いいたします。

この大震災で私たちの生活は大きく変わりました。次々と来客やボランティアの方々を迎えて、生活のリズムが狂ってしまいました。特にそれまで大事にしていた朝の聖書通読の時も、いつしかおろそかになっていったのです。短い祈りの時は持ち続けていましたが、聖書通読が途切れて、そのうちにまた再開しようと思っているうちに、中断したままになってしまいました。

「人はパンだけで生きるのではなく、神の口から出る一つ一つの言葉によって生きる」というキリスト者の基本が、牧師であるのにおろそかになりました。それが大変なことだということに気づかないで、ただばたばたするばかりの日々でした。

神さまはこの愚かな牧師にようやく気づきを与えてくださり、昨年の11月に新年の教会聖句を求めて祈っていた時に、「キリストの言葉があなた方の内に豊かに宿るようにしなさい」(コロサイ3・16)を与えられ、まず自分からと、12月から聖書通読を再開して気持ちが落ち着き、教会員の皆さんにも「聖書通読に励もう」と勧めて、改めてそれぞれ通読に励むようになりました。何か教会全体が、落ち着きを取り戻してきた感じがします。

「先生、リバイバルですね」などと言う方もあります。聖書通読のリバイバル。ここから本当のリバイバルをと祈っているところです。大震災後、「リバイバルは東北から」と言われましたが、その実現を祈っています。


さて、今朝は出エジプト記16章の初めを読んでいただきましたが、この個所はマナについて記された章です。イスラエルの民がモーセに率いられて出エジプトを果たし、約束の地へ向かう中で通らなければならなかったのが荒野でした。荒野に入ると、イスラエルの共同体全体はモーセとアロンに向かって不平を述べ立てたのです。

「我々はエジプトの国で、主の手にかかって、死んだほうがましだった。……あなたたちは我々をこの荒れ野に連れ出し、この全会衆を飢え死にさせようとしている」（16・3）。神はイスラエルの民のつぶやきに対して、天からパンを降らせてくださいました。それがマナです。しかしこのマナを集めるに際して、神が決めた約束事がありました。なぜ、そんなきまりを神は定めたのでしょうか。それは、「彼らがわたしの指示どおりにするかどうかを試す」（4節）ためでした。

申命記8章3節に大切な御言葉があります。

「主はあなたを苦しめ、飢えさせ、あなたも先祖も味わったことのないマナを食べさせられた。人はパンだけで生きるのではなく、人は主の口から出るすべての言葉によって生きることをあなたに知らせるためであった」。

主イエスはこの御言葉をもって荒野でサタンの誘惑を退けられましたが、神が天からマナを降らせられたのは、ただイスラエルに肉の糧を与えるためだけではなく、神の口から出る一つ一つの言葉で生きることを知らせるためだったのです。私はこのことを忘れて救援物資を届けたり、婦人会の姉妹たちは夕食作りに追われていたのでした（もちろん、それも必要なことでしたが）。しかし私たちには忘れてはならない大事なことがあります。それは、私たちの肉体にパンが必要なように、私たちの心に「霊の糧」である神の言葉が必要だということ、そのことを知らせるために、神は天からマナを降らせたということを、改めて肝に銘じたのです。

マナを集める上での決まりとは何であったでしょうか。

（1）「朝ごとにそれぞれ必要な分を集めた。日が高くなると、それは溶けてしまった」（21節）。

まず、毎日集めたということです。しかも、朝ごとに集めたのです。それは、日が高くなると「霜のように」（14節）溶けてしまいました。

私たちは東京聖書学校で訓練されて、毎朝早天祈祷会を守る習慣がつきました。それは自分にとってとても幸いだったと思っています。またアシュラムの指導者であった榎本保郎牧師（ちいろば先生）は、朝ごとに「レビの時」（御言葉と祈りの時）を持つようにと言い続けられました。そのために、アシュラムを開くのだと。

皆さんの経験ではどうでしょうか。「私は朝は弱いのです」という人があります。朝型と夜型の人があります。朝は時間との戦いで、レビの時どころではないという人もあるでしょう。昼間がよい、あるいは夜がよいという人もあります。それを朝でなければダメだというのは乱暴です。しかし、神はなぜ朝にマナを集めよと決められたのでしょうか。マナは「霜のように」（14節）とあるように、日が高くなると溶けてしまったのです。

御言葉は霜のように日が昇ったらとけてしまうことはないですが、しかし、私たちに必要な霊の糧をいただくのに、朝にまさる時はありません。朝は誰にも邪魔されない時です。普通は電話も来ません。

来客もありません。つまり日常の業に邪魔されない時なのです。そして、一日の初めです。神の御言葉を心にいただく最善の時です。

私もアシュラムに出て、自分のレビの時を守れるようになりました。これによって自分の信仰の歩みに、どれだけ大きな恵みを受けたか計り知れません。それが大震災以来、いい加減になっていたことを大いに反省しています。

さて、彼らはどれほどのマナを集めたのでしょうか。

(2)「それぞれ必要な分、つまり一人当たり一オメルを集めよ」(16節)。

1オメルは2・3リットル。かなりの量です。ところが、「ある者は多く集め、ある者は少なく集めた。しかし、オメル升で量ってみると、多く集めた者も余ることなく、少なく集めた者も足りないことなく、それぞれが必要な分を集めた」(17~18節)。ここがマナの不思議なところです。

御言葉もそうではないでしょうか。ある人はたくさん読み、ある人はわずかしか読めない。知識としては、たくさん読む人にはかなわないかもしれません。しかし、心の糧としては、たとえ1節しか読めなくても、そこに必要な栄養分は含まれているのです。ここに御言葉の不思議さがあります。

「家族の数に応じて」(16節)。これは家長(親)の責任を示します。つまり、子どもたちのマナは親が集めるのです。御言葉の場合はどうでしょうか。やはり、親の責任は大きいのです。家庭礼拝の大切さを示してはいないでしょうか。今日、家庭礼拝がどの程度守られているか、これは信仰の継承にとって大事なことです。

私も家庭礼拝が守られている家庭で育てられたことを感謝しています。今日は昔と社会情勢が大きく変わり、家庭礼拝を守ることが昔よりも困難になっています。それだけに、家庭礼拝が守られる家庭は、大きな祝福があると信じています。

家長の責任と言いましたが、子どもの頃の我が家では、父と母が核になり、子どもたちの状況は変わりますが、父母は変わらず家庭礼拝を守っていました。私が一番末っ子だったので、姉たちは皆結婚して家を出て、最後に私が残って3人で礼拝を守るときもありました。学生時代は宵っ張りで、朝は起きられない時も多かったのです。しかし、父母はいつも二人で祈っていました。そこに安心感があり､家庭の平和がありました。事実その祈りに支えられて私は今日あることを思い､感謝しています。家庭礼拝の核は、夫婦です。

(3) 六日目は「二倍の量、一人当たり二オメルのパンを集めた」(22節)。

七日目の安息日には、マナを集めなくてもよいように、六日目には二倍の量を集めました。つまり、マナを集めることは労働だったのです。私たちが肉体の糧を得るために労働するように、心の糧を得るために労働することを神は求めておられます。

ところが、私たちの信仰生活はどうでしょうか。日曜日に、ただ一日だけ御言葉を聞き、それで一週間を持たせようという人が多くないでしょうか。礼拝の終わりに「今日の御言葉を一週間の糧として」と、お祈りする方があり、そのように真剣に聴いてくださることはありがたいことですが、本当は違うなと密かに思ってもいます。

マナと逆になっています。マナは安息日の前日に二日分を集めました。安息日に働かないように。ところが、今は安息日に一週間分の心の糧を集めて、後は働かない状況です。やはり違うのではないかと思わされます。

主の祈りで「この日の糧を今日も」と祈るときには、「きょう一日の肉の糧と心の糧を与えてください」と祈りましょう。明日はまた明日神さまからいただくのですから。

さて、マナはどんなものだったのでしょうか。

(イ)「薄くて壊れやすいもの」(14節)。

マナは繊細で壊れやすく、デリケートなものでした。乱暴に扱っては壊れてしまうので、大事にそっと集めなければならなかったのです。私たちが御言葉を心にいただくときも、壊れやすいものをそっと集めるように、大事に、大事に心に蓄えましょう。神は御言葉を通して、静かな細い声で語ってくださいます。その声を聞き漏らしてはなりません。

笹尾鉄三郎師は、月曜日は一日、聖書と毛布をもって武蔵野の自然の中で静かに主との交わりを大事にされていたと聞きます。またバックストン師は、貴重な宝物をひもとくように、聖書のページを繰っておられたとも伺ったことがあります。

(ロ)「コエンドロの種に似て白く、蜜の入ったウェファースのような味がした。」(31節)。
マナは甘いお菓子のようだった。しかしあくまでも想像ですが、パンなのだからそんなに甘かったというわけはないでしょう。

エゼキエル書3章で、預言者エゼキエルは神より「巻物を食べよ」と命ぜられました。「この巻物を胃袋に入れ、腹を満たせ」と。それは蜜のように口に甘かったのです。しかし、腹の中ではどうだったでしょうか。

ヨハネの黙示録10章10節には、ヨハネが天使から受けた小さな巻物は、口には蜜のように甘かったが、腹は苦くなったとあります。これも微妙ですね。確かに、御言葉にはそういうところがあります。蜜のような甘さと同時に、腹は苦くなるという苦さもあるのです。良薬口に苦しです。私たちは、甘いところばかり食べていてはなりません。苦さも必要なのです。地上に生きる限り戦いは続きます。人間の罪の現実があるからです。だから御言葉の甘さと苦さ、この矛盾する両面をしっかり味わっていきたいものです。

しかし御言葉は究極的にはイエス・キリスト御自身です。「わたしが命のパンである」（ヨハネ6・35）と主は言われました。これはまさにケズィック・コンベンションのメッセージです。この度のコンベンションでも、S・ブレディ師やC・プライス師のメッセージは驚くべきものです。イエス・キリストに肉薄する聖書の深い説き明しです。私たちはもっとこのようなメッセージによって養われねばならないのです。

しかし、この頃思わされていることは、旧約を通読しながら、およそイエス・キリストとは関係がないと思われるところを読むうちにも、イエス・キリストの恵みが静かに心にしみてくることです。これは、神の御言葉ならではの聖書の独自性と言えるでしょう。バックストン師は、「聖書のうちにイエス・キリストは隠れておられる」と述べておられますが、隠れて宿っておられる主イエスの恵みが、読む者に伝わってくるのです。このマナのように不思議な、またデリケートな御言葉に沈潜して、その恵みに日々生かされるお互いでありたいと願います。

〈早天聖会Ⅱ〉

恵みによる前進

石田 敏則

ヨシュア記13・1〜7

伝統あるケズィック・コベンションの御用を仰せつかり緊張しています。紹介文の中に「新進気鋭の」と書かれていましたがそれほど若くはありません。しかし、ケズィックの中では新進気鋭と言われるのだと思います。この世界と政治の世界ではまだまだ若いのかもしれませんが、この朝、皆様と共に主の恵みを覚える時が与えられたことは、すばらしい特権だと感謝いたします。主が教えていてくださる恵みをお分かちすることができれば、と願っています。

この朝は、ヨシュア記13章1〜7節を読んでいただきました。

特にこの朝、心に通っているのは1節のみことばです。

「ヨシュアは年を重ねて老人になった。主は彼に仰せられた。『あなたは年を重ね、老人になったが、まだ占領すべき地がたくさん残っている』」。

高齢化社会、日本で

「老後はのんびりと過ごしたいなあ……」と考えていた方も、それは難しいなあと思う時代になってきました。聖書の時代にもそんな時代があったようです。もう自分は引退してもいいな、楽隠居となってもいいなと思うときに、神さまはそうではない、と声を掛けられました。

ヨシュア記13章～22章までは、約束の地カナンが十二部族にどう割り当てられたかの記録です。この13章は、7節までにヨシュアへの主の命令について、その後にヨルダン川の東側の土地分割の状況について述べています。

19章51節に「こうして彼らは、この地の割当てを終った」とあります。

ヨシュア記が24章の内10章、これだけ多くの章を使って分割のことを記している意図は、カナンの地に入るだけでイスラエルの目的が果たされたのではない、そこがゴールではない、まだまだしなければならないことが多くあると教えているのです。

イエス・キリストを信じました。救いを受けた、聖潔の恵みにあずかりました。はいそこがゴールです、ではないのです。神は、その地でどのように働かなければならないのか、占領すべき地がたくさん残っているのだと、それを獲得していくのだと教えてくださっているのです。

このような集いに出席し、美味しいものを食べ、温泉に入り、毎日このような生活で、まるで天国の前味わいのようです。「クリスチャン生活は楽しいな！」ではないのです。私たちのクリスチャン生活はここで終わりではないのです。もうこの恵みをいただいたから終わりではなくて、ここからまだまだしなければならないことがたくさんあるのだと新しいチャレンジを与えてくださっているのです。

ヨシュアについて聖書は多くを記していませんが、出エジプト33章では、彼はエフライム族のリーダーの家系であったと記されています。出エジプトの折ヨシュアはモーセに仕える従者であり、後の荒野の40年間を共に歩んだ人物です。カデシュバルネアでは12人の斥候に選ばれ大切な役割を果たしています。そして、いよいよ約束の地に入るという直前にモーセが亡くなり彼がリーダーとして立てられるのです。

私たちはヨシュアは若いというイメージを持ちますが、多分この時彼は80歳を超えていたと思われます。決して若いリーダーではなかったのです。

そして、後の働きは後継者に委ねていかなければならない、次の世代の人々に主の働きを受け継がせる大切な働きが先輩のクリスチャンにはあるのです。私たちの姿が証しとなるのです。

私の教会は、今年創立80年を迎えます。80年前一組の牧師夫婦が蒲田の地での伝道を始めたことで今も繁華街の真ん中で伝道が続けられています。私たちの姿が、後輩たちの手本となるのです。

今の自分、ありのままの自分を認める

自分の立場と現実をしっかりと知ることです。神はヨシュアに「あなたは年を重ねて老人になったが」と言われました。この「が」が大切だと思うのです。主は私たちに、まだまだしなければならないことがある。今の自分、そのままの自分を受け止めなさいと教えられている気がします。若い時には知らなかった世界、若い時には思いもよらなかったこと、それが年を増していくということです。

Ⅰ 人は、年を重ねると老人になる。……あたりまえのこと。

年を重ねると老人になる。……これは、あたりまえのことです。

いつまでも若くありたいと思う。それは人間の願望です。

「お若いですね！」と言われたら、もう若くないのです。若い人に若いですねとは言いません。

数年前からアンチエイジング（体、思考、化粧品、服装、美魔女？）など、社会でも年を取らないことが話題になっています。気持ちは大切だと思います。

でも年を重ね……老人になる……それは当たり前のことです。

それをマイナスと捉えるか、年を重ねたからこそ、できること、この年でなければできない、主が期待していてくださることがある……と捉えるかで、私たちの信仰生活は大きく違ってくるのです。

私の教会に自分の年齢のことを言わない女性がいましたが、ある時から自分の年齢を言うようになりました。

その年齢でなければ得ることのできない神の恵みがあるのです。白髪は光栄の冠として神が与えてくださったものです。今の自分を認める、ありのままの自分を認めることが大切なのです。

「あなたは年を重ね老人になったが……」私は、この「が」大切なのだと思うのです。主が私たちに、「素直であっていい」、「そのままの自分を受け止めるんだよ」というメッセージが込められていると思うのです。

前向きな人。クリスチャンの中には、自分が老人になった……と認めたがらない人がいます。でも、老人になったのだから、その事実を認めなさい。……というメッセージでしょう。

私は、比較的健康には自信がありました。昨年末　腕が痛いので病院に行ったところテニス肘と診断されました。なんだか名前がかっこいいので、いいかと思っていますが、時々無意識に腕を撫でていることがあるのです。礼拝中、腕を撫でたり手を指圧する人の気持ちもわかる気がしてきました。私たちは、痛みの中で他の人の痛み、弱さを知ることができる、大変さが分かる、ほんの少しかも知れないが、そのことを共有することができるのです。

年齢と共に肉体的に弱さを覚える、それは当り前のことなのです。ありのままの自分、弱さのある自分を認めることが必要なのです。

弱さを持っている自分、足りなさのある自分、神さまに従うと言いながら従えない自分、いつも自分が前に出てきてしまい神を第一とすると言いながら自分の栄光のために生きる生き方、そんなありのままの自分を認めるのです。

イエスさまは「すべて、疲れた人、重荷を負っている人は、わたしのところに来なさい」と言われました。重荷を負っています。弱さがあります。疲れています。それを認めていいのです。つらい時、悲しい時、痛みを負う時、涙する時、そのままの自分をありのままの自分を認めていいのです。

II　新たな挑戦と神の励まし、命令

私たちは、ヨシュアという人物を若く想像します。

モーセからバトンを受け、短期間にカナンの地で多くの敵と戦い、主が共にいてくださったことのゆえに、ことごとく勝利をおさめることができました。この時ヨシュアはすでに九十歳を越えていたと思われます。

そのヨシュアに、主は、「あなたは年を重ね、老人になったが、まだ占領すべき地がたくさん残っている」と仰せられたのです。

地中海沿岸を南から北まで広く支配していたペリシテ人は特に強く、五つの都市国家が繁栄していました。北部のヘルモン山周辺やレバノンに住む諸民族にも気をつけねばなりませんでした。実際に先住民が住んでいる地を戦いとって行かなくてはならないことが具体的に記されています。6節には「わたしは彼らを……追い払おう」と約束してくださいました。

私たちの信仰に当てはめるなら……信仰は持った。でも

・この部分はまだこの世的な考えに引きずられてしまう。

・このことは主に喜ばれない。

・人間関係の中であの人とはまだ、わだかまりがある。

今から、勝ち取っていきなさい。勝ち取っていく部分がある……ということです。

信仰生活は天国に行くまで、日々成長していくものなのです。あのこと……このこと……これは無理だとは勝手に決めないで……主が勝利を取ってくださるのです。

かつて主は九十九歳になったアブラハムに向かって「わたしは全能の神である。あなたはわたしの前を歩み、全き者であれ」と言われたことがあります。また、夜通し働いたが魚一匹もとれず、疲れ果てて網を洗う漁師に向かって「深みに漕ぎ出して、網をおろして魚をとりなさい」（ルカ5・4）と言われました。イエスの言葉は、当人にとっては迷惑至極な言葉であったに違いありません。

私たちは、自分にとって都合のいいことは聞きます。しかし、都合の悪いこと、聞きたくないこと

であっても、主が命じられるのであれば従うことが必要なのです。みことばにより、痛い経験、難しい経験、をすることもあるのです。

創世記12章で神はアブラムに、「あなたは、あなたの生まれ故郷、あなたの父の家を出て、わたしが示す地へ行きなさい」と命じられました。

「出なさい」、「行きなさい」という命令は、アブラムが慣れ親しんだ習慣や考え方との決別を意味していました。さらに、温かい家庭的な交わりとの決別も意味していました。アブラムは真の神とともに新出発をするために、その家庭から離れるように命じられたのです。

どんな習慣でも、関わりでも、主がそこから離れなさいと語っておられるものはありませんか。思い切って古いものを捨て去って、新しい出発をいたしましょう。

神は全能のお方であり、全知の主であり、愛にあふれる方ですから、私たちを苦しめたり、重荷を負わせるだけではないのです。ただ神のご計画を信じて「でもおことばどおり、網をおろしてみましょう」（ルカ5・5）と信じ従うところに私たちの信仰があります。

恵みとは、「受けるに値しないものに注がれる神の愛である」と教わりました。受けるに値しないものに注がれる神の愛を受け留め、喜んで従うものであらせていただきたいのです。そこに祝福があるのです。

III　戦いの意味

次の世代の人々に、主の働きを受け継がせる役目、その後の働きは、後継者に委ねなければなりません。

主はヨシュアに、占領した地を十二部族に分割せよと命じられました。

8節から、まずヨルダン川の東側の相続地が確認されます。ここは、エモリ人の王シホンとバシャンの王オグの領地でしたが、彼らをモーセが打ち破って占領した所です。この広大な土地は、すでにモーセによってルベン族とガド族と、マナセの半部族とに与えられていました。

占領すべきところがまだまだたくさんあるにもかかわらず、相続地の分割が行われた。それは、十二部族がそれぞれの土地に住みながらも、主に信頼して敵と戦うことを教えるためだったと思われます。

彼らは自分の相続地で彼らの戦いをするのです。私たちにはそれぞれ自分の家、自分の住む地域、自分の職場、学校、各々の持ち場や立場での戦いがあるのです。

ヨシュアが戦うわけではないのです。でも自分もしっかり戦った者だから、後継者にも「戦い取る」ことを受け継ぐよう命じられるのです。自分が何もしないで、若い人に、若い人に……と言ってもダメなのです。若い人も、先輩たちに学びながら、戦いを覚えていくのです。見せて教えて、学ばせていく責任が先輩のクリスチャンにはあるのです。

Ⅳ　共にいる神の恵み

14章には信仰を持って戦いに進んで行ったカレブがいます。かつて、ヨシュアと共に神を信じて前進しようと信仰に立ちました。士師記には、主に信頼して戦うことが何度もあったことが記されています。主は、私たちの生涯にも様々な戦いや試練があることを教えています。でもそれから逃げてはいけないのです。主に信頼して戦いましょう。

インマヌエルなる神、主は共に戦ってくださり、私たちを成長させ、勝利を得させてくださいます。ヨシュアに与えられたチャレンジは年配者だけではなく全ての信仰者に語られているチャレンジでもあるのです。主に信頼してこの所から立ち上がっていきたいと願ってやみません。

〈教職セミナー〉

リーダーシップにおけるプレッシャーと罠
——ネヘミヤ記4章から学ぶ

スティーブ・ブレディ

ネヘミヤ記4・6〜23（新共同訳聖書では3・38〜4・17）

クリスチャンの働き人が経験する困難は、「続ける」責任です。ネヘミヤ書の今日読んだ個所について、聖書の時代背景を考えましょう。586年にエルサレム神殿が破壊されました。そして捕囚の民となります。

やがて人々はエルサレムに戻って神殿を建てるという責任を負いました。預言者ハガイとゼカリヤは、あなたたちは神のための神殿を建てなければならないと、預言しました。紀元前516年に神殿が修復されました。神殿が破壊されてから約70年後でした。しかし神殿は建っても、町は破壊されたままでした。

紀元前456年に祭司であったエズラが、この町のことを憂いてエルサレムに戻りますが、やがてネヘミヤは、町の再建が失敗したという知らせを聞きました。そして彼は神さまがこの状況を変えてくださるようにと祈り始めました。

1章はネヘミヤの、神に祈る姿が描かれています。祈りは上手でも、実際の活動があまり得意ではないという方もいるでしょう。活動は得意だけれど、祈りはあまり得意ではないという方もいるでしょう。ボートを漕ぐ時、片方のオールだけで漕いでいると、ぐるぐる回るだけです。しかし、両方のオールでボートを漕ぐと、自分が目指している方向に進んでいけます。ネヘミヤは、祈りと計画と両方のバランスをもっておりました。

もし聖職者がよく計画を立てなければ、計画は失敗してしまいます。3章は、エルサレムの再建が非常に順調に進む様子を描いています。

ところが、問題が起きました。4章~6章を続けて読みますと、そこに流れている聖書の原則をみることができます。その原則とは、神のための働きは、必ず反対を受けるという原則です。

4章は、外側からの反対でした。5章での反対は内部争いです。そして6章では、ネヘミヤ自身が、その攻撃対象となっていくという状況です。

・敵からの攻撃

アルゼンチンの伝道者であるルイス・パラウが、あるとき質問を受けました。「パラウ先生、クリスチャンの働き人として、あなたが受けている最大の誘惑は何ですか」という質問でした。パラウ先生はこう答えました。「わたしにとって一番大きな誘惑は、もう辞めたいと思うことです」。

ネヘミヤ4章6節（新共同訳聖書では3・38）では、実にそのようなことが起っていました。働きは半分までは完成していたのです。ところが、あらゆる所に敵がいたのです。神のために働こうとするときに、必ず反対が起きるということを我々は覚悟することが必要です。

11節では具体的な攻撃が始まります。主にある働き人は、必ず敵がいる、あるいは反対が起ること を覚悟しなければなりません。必要な御言葉はルカによる福音書6章26節です。イエスさまは言われました。「みなの人がほめるとき、あなたがたは哀れです。彼らの父祖たちも、にせ預言者たちに同じことをしたのです」。

困難がある場合、それは主の祝福だと思いなさいと言われているのです。その攻撃を受けるのにふさわしいとかいう問題ではなく、主がそのように言っておられるのです。

・**働きすぎるということ**

ネヘミヤ記4章10節。「そのとき、ユダの人々は言った。『荷をになう者の力は衰えているのに、ちりあくたは山をなしている。私たちは城壁を築くことはできない』」。ここにプレッシャーを受けて、燃え尽きる人の前兆を見ます。クリスチャンの働き人で、燃え尽きる人が多いのです。しかし神さまは聖霊の力をもって、さらに燃え続けることを願っておられます。

3つの警告のサインが10節に出てきます。まず力が衰えるということです。それからちりあくた、ごみが山積みになるということ。そして、働きが止まってしまうということです。この3つのことについて考えましょう。

その第一の兆候は、力は衰えるということです。城壁を修復するのは大変な作業です。3章にいろいろな働きが出てきますけれども、その中には女性も、香水を作る人たちもいたわけです。この香水を作る人たちの手は非常に繊細で、やわらかい手をしています。そういう人が、重い瓦礫を持ち上げなければならないとするとどうでしょうか。彼らも慣れない仕事をして疲れきっていました。

もし皆さんが車に乗って、エアコンをつけ、ライトをつけ、エンジンをかけないでいるならば、すぐにバッテリーがあがってしまいます。そうなるとバッテリーを充電しなければなりませんが、牧師方が、エンジンをかけずにいろいろなことに力をかけていくと、充電しなければならないことが起きると思います。

第二の兆候は、山積みの責任に気力が衰えるということです。わたしもマラソンをしていて壁にぶつかる時があります。15マイルや20マイルまでようやく走ってきて、その時、気づくのです。「まだ、かなり先がある」と。これらの人々も、頑張ってようやく半分まで終わった時に、まだまだ取り除かなければならないごみや瓦礫がたくさんあるということに気づきました。

皆さんはクリスチャンの働き人として、自分に課せられている働きの、あるいは責任の大きさのゆえに、もうこれはとても無理だという気持ちになることはあるでしょう。この日本には1億2千万の救われなければならない魂がいます。その働き、その使命はあまりにも大きいです。

第三の兆候は、働きを止めさせることです。ネヘミヤ記4章11節「一方、私たちの敵は言った。『彼らの知らないうちに、また見ないうちに、彼らの真中にはいり込んで、彼らを殺し、その工事をやめさせよう』」。サタンが願っているのは、教会や組織においてその働きを止めさせるということです。われわれは反対が来るということを覚悟していなければなりません。またオーバーワークになることを想定しておかなければなりません。

・組織を整える

組織を整える必要があります。ネヘミヤは優れたリーダーでした。彼は自分の力だけでこのエルサレムの城壁を築こうとはしません。ネヘミヤは、彼の神が働いてくださるという幻を持ちました。彼はもちろん肉体労働をしましたが、彼はリーダーの務めを果たしたのです。

牧師は、教会の仕事を全部するのだと考えてはいませんか。牧師が一人でするのではなくて、教会全体がその働きをする必要があると聖書は語っています。いろいろな人に働きをゆだねることによって、教会が組織立っていくのです。ネヘミヤ記4章14節に「彼らを恐れてはならない。大いなる恐るべき主を覚え、自分たちの兄弟、息子、娘、妻、また家のために戦いなさい」とあります。このみ言葉の力を低く見積もってはなりません。イギリスにはチャーチルというリーダーがいました。1940年にナチスがヨーロッパを支配し、まもなくイギリスにも攻めて来たのです。その時、チャーチルはこのように演説しました。「われわれは海岸で彼らと戦う。われわれは陸地で彼らと戦う。われわれは田舎でも彼らと戦う。われわれは町の通りでも戦う。村の中でもわれわれは戦う。町の中でもわれわれは戦う。しかしわれわれは決して決して降伏することはしない」。この演説がイギリス人たちの心に火をつけて燃やしたのです。

ネヘミヤがすばらしいリーダーであったのは、「彼らを恐れてはならない」で終わらないで、「大いなる恐るべき主を覚えなさい」と言ったことです。どんな力にも優る主を覚えなさいと。まず主を覚えること、それがあなたのなすべき仕事だ。家庭も家族も福音のために戦う、これは価値のある戦いです。日本はイエスさまを必要としている国です。まずあなたがリーダーとしてなすべきことは、主を思い出すことです。

それから、他の人がするべきことがあります。ネヘミヤ記4章16節「その日以来、私に仕える若い者の半分は工事を続け、他の半分は、槍や、盾、弓、よろいで身を固めていた。一方、隊長たちはユダの全家を守った」と。

ネヘミヤは彼らのもとに、リーダーを派遣して励ましました。クリスチャンの信仰は、非常に個人的なものです。しかし、わたしたちの信仰は、決して孤独な、一人ぼっちの信仰であってはなりません。

霊的な戦いも一人で勝利を得ることはできません。気をつけないとクリスチャンの働き人が一人になって孤独を感じてしまいます。伝道者の書4章9〜10節、「ふたりはひとりよりもまさっている。ふたりが労苦すれば、良い報いがあるからだ。どちらかが倒れるとき、ひとりがその仲間を起こす。倒れても起こす者のいないひとりぼっちの人はかわいそうだ」。

あなたには主にある友達がいますか。一緒に戦う同労者がいますか。正直に何でも話し合うことのできる主にある働き人、友がいますか。あなたをそのままに受け入れてくれる、そういう友がいますか。

あなたのするべきことは、主を覚えるということです。そしてまた他の人がするべきことは、一緒に協力するということです。しかし、神がなすべき部分というものもあります。「私たちの神が私たちのために戦ってくださるのだ」（ネヘミヤ記4・20）という言葉があります。

『ナルニア国物語』に、偉大なライオンのアスランが出てきます。それはイエスさまを表しています。アスランというのは、飼いならしたライオンではないのです。われわれの神も、飼いならされた、おとなしくなった神ではありません。

われわれがもう駄目だと思う時に、神は必ず来てくださいます。アメージング・グレイスを書いたジョン・ニュートンの友達で、ウィリアム・カーパーという人が書いた讃美歌の一つが日本の讃美歌にも入っています。讃美歌第二編52番1節、「嵐のあとに凪は来たり　悲しみ去りて慰めあり　人の望みの尽くるところ　なお主はいまし　治めたもう」。4節は「たとい望みは崩れゆきて　待ちし実りは乏しくとも　なお主はいまし　かわらざれば　そのみ恵みを　とわにたたえん」という歌詞です。

今日皆さんにお伝えしたいことを要約する一つのお話しをしたいと思います。ある人が自分の人生の話しをしました。15歳の時に炭鉱の労働者として炭鉱に行った。最初の日に、ベテランの人から呼ばれて、すごく大きなハンマーを手渡されて、非常に大きな石炭のかけらをみせて、この大きな石炭のかたまりを二つに割りなさいと言われた。

ハンマーで20分もやっていると泣き出したくなる状況だったというのです。やがて周りに他の炭鉱夫たちがみんな集まって来て、じっとその様子を見ていました。そこでベテランの人が、「ハンマーをよこしてごらん」と言って、その人がハンマーを打ったら、見事にそれが二つに割れたのです。

その人が、「どうしたらそのようなことができるのですか」と尋ねると、そのベテランの人は「君は耳を使っていないんだ」と答えました。大きな石炭が二つに割れる直前に、内側から何か違う音が聞こえるというのです。割れる時に音が聞こえてくるそうです。ある程度割れていると、何か音が変わってくるのでしょうね。最後の一撃で割れるというのが耳でわかるそうです。

その人は諦めるのがちょっと早かったのです。大きな石炭を打ち続けて心臓がバクバクいって、力が衰え、泣きたくなる。でも神が「止めろ」と言うまでは、諦めないで叩き続けてください。

神が召した働きを続けているなら、神ご自身が、あなたと共にあなたのために戦います。最後の一瞬を誰かに譲るのではなくて、自分があと一つ打てば栄光を受けることができるのですから、最後まで続けて欲しいと思います。

止めるのが早すぎるということが多いのです。ネヘミヤ記が与えられていることを、神に感謝しましょう。そして、エルサレムが立ち直ったことも感謝です。それによってユダヤ人のアイデンティティーが保たれたこと、本当に神さまに感謝します。

というのは、ある時エルサレムに、究極的な建築主が来る。ナザレの大工であるイエスが来られるのです。死んでよみがえった方が来られるわけです。そしてイエスさまは、新しいエルサレムを築き上げてくださいます。神の恵みのゆえに、その働きにわれわれも組み入れられております。

ですから、止めるのはまだ早いのです。神の王国が、キリストの王国が、この地に建て上げられることが決まっているからです。神の祝福が皆さまの上にありますように。

（文責・大井　満）

〈信徒セミナー〉

父の約束

使徒の働き2・38～47

高田 義三《よしかず》

◆私が救いを体験した教会

私は50年前の1964年、当ケズィック・コンベンションに出席させていただいたのですが、実はその一年前にニュージーランドで、イエス・キリストの救いにあずかりました。今日再びここに、キリストの証人として参加の機会を与えられて、深い感謝と感動を覚えております。

1963年秋、大学生だった私は友人と世界一周旅行に出ました。2年半で29か国を訪ねる旅で、パスポートには"Good Will Mission"「親善使節」と書かれていました。神戸港から、3千トンの貨物船で出航。当時の日本は海外渡航の自由化1年前で出国はとても厳しく、後になって気づいたことですが、この時、既に、神の奇跡的なご配慮があったのです。

ニュージーランドのオークランド港に到着した日に、地元の青年に誘われて教会に行きました。2

か月後、神と人との前に自らの罪を告白して、イエス・キリストを私個人の救い主と信じ、心と生活にイエスをお迎えしました。私の人生で最大の奇跡が起こったのです。そして6か月の滞在期間が終わる前に、これも不思議な神のご配慮でしたが、さらに6か月の滞在期間の延長が認められました。既に聖書の学びを始めていた私の心は、全く造り変えられて、キリストのために生きたいとの願いが与えられ、滞在一年後、次の訪問国アメリカに出発する直前に帰国を決断し帰ってきました。私に後悔はありませんでした。心が主の喜びとキリストのために生きたいとの願いに燃えていたからです（詩篇103・1〜4、ローマ8・2）。

到着したその日に、誘われ連れて行かれたのは単立のキリストの教会（現・母教会）で、毎週日曜日の夕方に開かれていた伝道集会でした。集会が終わると、ある教会員の家に招待され、心温まる楽しい交わりに与りました。やがて定期的に教会に集うようになると、大学の寮からその家庭に引き取られ、そこに住まわせていただくことになりました。そこは教会の、長老の家でした。結果的に、そこで計四年近くお世話になったのです。その長老は、その直前に大病を患って事業を失い、それまで住んでおられた高級住宅地の住まいを売却されたばかりでした。しかも私たちと同世代の子ども三人がおられる五人家族でしたから、決して裕福ではありませんでした。そこに二人の青年がホームステイしたのです。経済的な支えがあってのことではありません。このような厳しい状況の中にあってもそれをおくびにも出さず、私たちを何不自由なく生活させてくださいました。費用は一切受け取られません。家族の中には賛美が絶えず、家庭は主のために解放され、常に人々が招かれていました。ヨハネ13・34〜35「……あなたがたの互いの間に愛があるなら……、あなたがたがわたしの弟子であることを、すべての人が認めるのです」。

この交わりの中で、私は、神が現実におられることの祝福を体験し、ヨハネ13・35にある神の愛を見たのでした。この長老は、やがて私と一緒に来日してくださり、私の結婚式の司式に始まり、教会の土地探し、礼拝堂建設のための手配、宗教法人取得のための手続き等、様々な交渉を助けてくださいました。もちろんニュージーランドの教会の牧師と連絡を取りながらでしたが、連絡手段と言えば、手紙か電話か電報という時代でした。

ここまでで、おわかりいただきたいことは、

①神は、ご自身の働きのために、多くの信徒を用いられる

②それらは、ご聖霊によって進められる、ということです。

◆初代教会に見る模範

使徒2章から、教会の模範である「初代教会」の祝福の秘訣を見てみましょう。

秘訣の鍵は、イエスが昇天される前に語られた遺言である「父の約束」すなわち「聖霊のバプテスマ」

です。この「父の約束」は、今日の私たち一人一人への約束でもあります。

使徒2・3「炎のような分かれた舌が……、ひとりひとりの上にとどまった。するとみなが聖霊に満たされ、……」。聖霊の満たしは聖書に書かれていることです。

41節「彼のことばを受け入れた者は、バプテスマを受けた。その日、三千人ほどが弟子に加えられた」。弱かった弟子が、復活され昇天されたイエスを目撃してから別人のようになりました。Iコリント12・3には「……聖霊によるのでなければ、だれも、『イエスは主です』ということはできません」とありますが、ペテロの話を聞いて罪を悔い改め、神のことばを受け入れた三千人に、神は一人一人の上に手を置くように留まられたことがわかります。2010年10月大阪で〝関西フランクリン・グラハム フェスティバル〟という伝道大会が開かれ、3日間で三万人程の人々が集い、三千人を超える人々がキリストを救い主と信じる決心を表明されました。これらの三千人の一人一人にもご聖霊が臨んで救いを成就してくださったのです。

使徒2・41には、ペンテコステの日に誕生したキリストの教会の姿が描かれています。罪を悔い改め、バプテスマを受けた人々は、教会に加えられ教会生活と信仰の歩みを始めて弟子化されて行きました。

42節には四つのことが書かれています。

使徒たちの教えを堅く守り…イエスの教え、神のことばが、キリスト教会の信仰基盤です。

交わり…犠牲の愛の実践を伴う交わりです。

パンを裂く… 聖餐式が行なわれていたことを示しています。ルカ22・19〜20によれば、聖餐式には、主の十字架の死とその血による新しい契約を覚えさせる意味があります。ルカ24・35では「パンを裂く」行為が、彼らが復活の主にまみえるきっかけとなっています。

祈り… 彼らは聖霊に導かれて祈りに絶えず専念し、動かされることなく持続しました。

初代教会では、まことに神が生きておられ、多くの不思議なわざと神の奇跡が行なわれました。対神関係が最優先され、主の愛に根差した対人関係が保たれていました。ここに信徒が用いられている姿があります。一日に三千人の人が弟子化されるためには、信徒がご聖霊に導かれて互いに助け合う必要があったに違いありません。今日もこのように、全てのキリスト信者が聖霊のバプテスマを受けて、現実かつ実際的に、神の力によって世界中に出て行くことを神は願ってくださっています。

F・B・マイヤー「遠く離れている異邦人も、神が内なる声と恵みをもってお召しになるすべての人々が、御霊を豊かに受けることができるのである。あなたはこの御霊を受けているであろうか」(日々のみことば22頁より)。

ルカ11・13「……天の父が……、どうして聖霊をくださらないことがありましょう」。

使徒1・8「聖霊が……臨まれるとき、あなたがたは力を受けます。そして、……地の果てにまで、わたしの証人となります」。

使徒2・14〜21「終わりの日に、わたしの霊をすべての人に注ぐ……。すると、彼らは預言する。

……主の名を呼ぶ者は、みな救われる」。

今、国内に無牧の教会は幾つもあります。日本の教会は霊的に危機的な状況にあると私は認識しています。キリストが証言されるために、牧師だけではなく信徒の力が必要なのです。そして、そのためにご聖霊が必要です。聖霊は私たちが求めれば与えられます。（聖霊理解は教会によって異なることがありますので、あくまでも皆さんの教会の牧師先生や指導者のご指導を受けてください。）

◆信徒の出番なのです！

私は、主の働きを信徒の皆さんにもっと担っていただきたいと考えています。それは、聖書的であり神のおこころであるからです。出エジプト18・13〜26には、一人でイスラエルの民を導いて奮闘しているモーセの姿を見た姑イテロが、彼に助言を与えた記事が書かれています。その内容を整理すると次のようになります。

1　とりなしの祈りは、モーセが責任を持つ（19節）
2　民の神教育と道徳教育も、モーセが責任を持つ（20節）
3　司法と行政のことは、大部分を賜物を受けている人々に委ねる（21〜22節）
・大きい事件はモーセが直接担当し、小さい事件は民に委ねる
・民の長となる資格：神を畏れる敬虔な人で、清廉・誠実・有能な人格者であること

モーセに導かれてエジプトから出て来た人々の数は２００万〜２５０万人だと考えられますが、イテロは、千人の長、百人の長、五十人の長、十人の長を立てて、民も一緒に働くようにとの助言をしました。このような助言にモーセは謙遜に耳を傾けました。民数記12・3「……モーセという人は、地上のだれにもまさって非常に謙遜であった」。同様に、今日牧師先生方の意識改革も必要だと考えられます（Ⅰペテロ5・3、Ⅱテモテ4・2）。

一方で信徒の皆さんには、一人一人がキリストのからだを建て上げる各器官の一つであることを覚えていただきたいと思います。そのために、ご聖霊が一人一人に賜物を与えてくださっています（Ⅰコリント12・7、12・27）。

ここで、信徒の働きをいくつか紹介します。

①第49回大阪ケズィックでは、信徒が多く出席され、教職・信徒セミナーでは出席者の比率が、

教職：信徒＝約１：３でした。

②某教会の信徒の働き：

連鎖祈祷…一人が一時間を週二回担当して24時間常に誰かが祈っているとりなしの祈りの働きです。

アンデレ活動…ビリー・グラハム伝道協会が進めている働きの一つで、一人が10名の家族や友人の名前をあげて祈り、関係作りをして伝道大会にお誘いします。この活動を熱心に進めた特別伝

道集会には、今までにないほどの未信者の方々が集われました。２０１０年の大会では、一家族６人が、三日間で44人もの人々をお連れしたケースもありました。

路傍伝道…二人一組で街に出て行き人々に声をかけます。順番に質問を進めてゆき、幾つかの聖句を紹介して、最後にキリストを信じる祈りにまで導きます。

施設訪問伝道…チームを組んで数か所の老人施設に毎月一・二度訪問し福音が語られます。

聖書塾…牧師・伝道者が講師となり、教会の中で聖書を学びます。

◆日本のキリスト教会の現状から

現在、日本のプロテスタントのキリスト教会を８０００教会としましょう。私見ですが、日本のクリスチャンは人口の約０・１％だと思います。しかし次の表は、一教会で牧師ご夫妻だけが働いておられる場合と比較して、教会員全員が働いたら働き人の数はどうなるかというシミュレーションです。かなり乱暴ですが一つの可能性を表わしています。

牧師夫妻	信徒	働き	８０００教会で	日本の人口1億２７００万人の
２人			1・6万人	
	20人	10倍	16万人	０・12％が働き人
	50人	25倍	40万人	０・３％が働き人

１５０人　75倍　１２０万人　０・９％が働き人

たとえば一教会で１５０人の教会員が主の働きを担うなら、１２０万人の働き人が生まれることになります。牧師ご夫妻だけの時の75倍となり、日本の人口のほぼ1％が働き人になる計算です。

マタイ13・31〜32「天の御国は、からし種のようなものです。…、生長するとどの野菜よりも大きくなり、……」。

イエスのおことばです。からし種は小さな種ですが、成長すると最も大きな野菜になるとあります。私たちにはこのようなビジョンが必要です。教職も信徒も一緒になってキリストのために働くなら、日本の国は希望がもてます。キリストは私たちに期待してくださっています。伝道する時に伝えるのは、自分が救われ今生かされている、キリストの福音です。救ってくださるのは神ですから、私たちは伝えるだけでよいのです。

マタイ11・28「……、わたしのところに来なさい」と、イエスは招いておられます。私たちが出て行く前に、イエスが人々を先に招いてくださっているのです。

ヨハネ14・6「わたしを通してでなければ、」と、大胆に宣言されるのはキリストだけです。

使徒4・12「この方以外には、だれによっても救いはありません……」。キリストだけが唯一の救い主です。

ヨハネ16・13「……真理の御霊が来ると、……すべての真理に導き入れます」。ご聖霊が人々を真理であるイエスに導いてくださいます。ステパノは、「人の子が神の右に立っておられるのが見えます」(使徒7・36)と言いました。神の右に座しておられたイエスが、立ち上がってステパノの魂を御国に招いてくださったのです。神は愛のお方です。

すべての真理に導き入れてくださる聖霊に寄り頼み、神のことばを確信して、ビジョンをもって大胆に出て行こうではありませんか。イエスはもう一度地上に戻って来られます。今、その終わりの時が近づいていることは否めません。その日まで、牧師先生も信徒の皆さんも一つになって、祈りながらなんとかして神の栄光が表わされるため、同胞の救いのため、神にお仕えしていこうではありませんか。

〈レディス・コンベンション〉

嵐の中で神を見出す

ヒラリー・プライス

マタイ14・22〜24

これから3つの嵐を学びます。第一の嵐は、マタイ14章1節〜12節までです。第二の嵐は、13節〜21節までです。そして第三の嵐は24節からです。

最初の嵐は、バプテスマのヨハネが首をはねられたというできごとです。ヨハネの弟子たちは、この悲しい知らせをイエスさまに届けました。11節から読みます。「その首は盆に載せて運ばれ、少女に渡り、少女はそれを母親に持って行った。それから、ヨハネの弟子たちが来て、遺体を引き取って葬り、イエスのところに行って報告した。イエスはこれを聞くと、舟に乗ってそこを去り、ひとり人里離れた所に退かれた」。

バプテスマのヨハネは、非常に誠実な人でした。そして彼はいつも、次に来るイエスさまは、だんだんと引き上げられていく。それを望み、その生涯を歩みました。彼は正義に立ち、それを主張しました。それゆえに彼は、牢獄につながれたのです。そして彼は牢獄の中で、暗黒を味わいました。その暗黒の中で、彼の心に疑いが生じたのです。「どうして、こんな暗闇の中にわたしは置かれるのだろうか。あの人は本当に来るべきお方なのだろうか」。

イエスさまは暗闇の中にいるヨハネに、確信を与えられました。しかし彼を、その中から助け出されませんでした。ヨハネの弟子たちは、彼らの先生が死んだということを聞いた時、大変な痛みを覚え、とまどい嘆きました。そのような嵐の只中で、勇気をもってヨハネの弟子たちがしたことがあります。それが12節です。「それから、ヨハネの弟子たちが来て、遺体を引き取って葬り、イエスのところに行って報告した」。彼らはイエスさまの所に報告に行きました。「イエスさま、こういうことがありました」。イエスさまは解決を探そうとはしません。神からのお答えをいただこうとするのです。もし人生の嵐があまりにも厳しくて大変でしたら、イエスさまの所に来ればいいのです。イエスさまの所に行けば、それを聴いてくださり、必ず慰めてくださるからです。

ところが次の嵐が控えていました。13節の後半「しかし、群衆はそのことを聞き、方々の町から歩いて後を追った」。

イエスさまは、やって来る群衆を、じっとご覧になりました。ただ見たのではありません。痛みをもっている人たちです。皆さまがもし、本当に痛みを覚えている人たちを見る時、皆さんの心も憐みの想いで満ちるはずです。今でも思い出すのですが、わたしの妹がある時、電車に乗っていましたら、隣に一人の少女が乗り込んできたのです。ところがその少女は泣いていました。その泣いている姿を見て、妹はわかったのです。お葬式に参加してきたのだな、と。妹はまだクリスチャンではありませんでした。ですから、あんまり泣いている少女と話したくなかったのです。しかしその少女は電車を降りる時に、わたしの妹に本をくれたのです。それは、キリスト教の本でした。わたしの妹はそれをもらって、家に持って帰って来て、全然見ないで、これはお姉さんに良いでしょうと言って渡したのです。

わたしはわかりました。その少女は自分自身がとても大きな悲しみの中にあるのに、わたしの妹にとどいて、何とか伝えたいという想いをもってケアをしてくれたのです。イエスさまとその弟子たちは、大きな悲しみの中にあったのですが、周りに群がってくる、なお辛い想いをしている人たちにケアをすることができました。15節〜18節に、「夕暮れになったので、弟子たちがイエスのそばに来て言った。『ここは人里離れた所で、もう時間もたちました。群衆を解散させてください。そうすれば、自分で村へ食べ物を買いに行くでしょう。』イエスは言われた。『行かせることはない。あなたがたが彼らに食べる物を与えなさい。』弟子たちは言った。『ここにはパン五つと魚二匹しかありません。』イエスは、『それをここに持って来なさい』と言い」と書かれています。

本能的にやった最初のことは良かったのです。食べ物をイエスさまの所に持ってきた。しかし、本能的に2番目にやったことは、良くなかったことでした。それは、「えっ、たったこれだけ、それでは不十分だ」と思ったことです。

祈るときに、「イエスさま、これが問題です」と言って差し出しながら、「はい、イエスさま。これが、回答です」と、自分で考えた解決を言います。これが弟子たちの問題でした。「群衆を解散させてください」、「もうこれは彼らの問題ですから、自分たちで行って、どこかで食べ物を見つけたらいいと思います。去らせてください」。

皆さんは、必要を覚えている人を見た時に、どうしますか。ただ見るのですか。しっかり見るのですか。もしわたしたちがしっかり見るなら、憐みの心がわたしたちの心に起こります。そうすると、わたしたちは何かをしなければなりません。ただ見るだけでしたら、それで終わってしまいます。

イエスさまは弟子たちに言われました。「あなたたちが行って、食べ物を与えなさい」。17節を見てください。「ここにはパン五つと魚二匹しかありません」。この「しか」という所に下線をつけてください。あなたの必要は大きいです。しかし、わたしにある物は、これしかありません。そういう人たちの必要は何でしょうか。自分たちで買えるようなパンを、彼らは必要としておりません。彼らは霊的なパンをあなたから求めているのです。霊のパン、命のパンです。

そういう人たちは、イエスさまに対する飢え渇きを必要としているのです。クリスチャンは、実は物乞いなのです。物乞いなのですけれど、自分が得た物を、もう一人の物乞いに与える人です。

18節から読みましょう。「イエスは、『それをここに持って来なさい』と言い、群衆には草の上に座るようにお命じになった。そして、五つのパンと二匹の魚を取り、天を仰いで賛美の祈りを唱え、パンを裂いて弟子たちにお渡しになった。弟子たちはそのパンを群衆に与えた」。

おびただしい群衆という嵐の只中に、イエスさまはおられました。そこで、イエスさまは感謝の祈りをささげ、パンを裂き、分け与えました。

ヨハネ10章10節には、このように書いてあります。「わたしが来たのは、羊が命を受けるため、しかも豊かに受けるためである」。イエスさまがそのパンを裂いたのは、命を差し出したということです。もっとたくさん与えたいとお思いになったので、魚も与えました。イエスさまはちょっとだけ差し出したのではありません。パンも魚も差し出しました。そして人々は満腹しました。

イエスさまは嵐の中でこう言っています。「心を騒がせるな。わたしを信じ、また神を信じなさい」。ですから、神さまに「ありがとうございます」というのは、嵐の只中で信頼しているということです。答えをくださるので感謝しますのではなくて、イエスさま、あなたご自身が答えですから、感謝をします。

20節をみますと「籠がいっぱいになった」と書いてあります。自分のバスケットの中に、いっぱいに満たさず、どんどんバスケットの中にある物を差し出してください。そうすれば、イエスさまがあなたの籠を満たしてくださいます。

しかしこの大きな晩餐会のあとで、イエスさまは、「さあ、急いで」と言って、弟子たちを去らせたのです。イエスさまは知っていたのです。弟子たちがこのあと、「俺たちは良いことをしたね。すごいことをしたね」と言うようになることを。大事なのは、魚とパンを準備した方です。神からいただく物が無いとしたら、あなたは何も皆さんにわかち合うことはできません。もしあなたが何も差し出す物、分け合う物が無いならば、あなたは、緑の牧場に静かに座って神からいただくということを、欠いているのかもしれません。

イエスさまは、「草の上に座るように」群衆にはお命じになりました。皆さまはあまりにも忙しくて、緑の草の上に座っているほどの時間がないと言っていませんか。あなたがあまりに忙しくて、神の前に座ることをしないなら、あなたは非常に飢え渇いています。

もし皆さんが、緑の草の上に座るなら、神があなたを養ってくださいます。わたしたちは、静まって神と親しい交わりをもつことが必要です。それは、迫っている嵐が何なのかがわからないからです。

イエスさまは弟子たちに「さあ、急いで湖に漕ぎ出して行きなさい」と指示を出しました。弟子たちを湖に押し出して去らせたあとイエスさまご自身は、山に登って静かな時をお持ちになりました。

24節からお読みします。「ところが、舟は既に陸から何スタディオンか離れており、逆風のために波に悩まされていた。夜が明けるころ、イエスは湖の上を歩いて弟子たちのところに行かれた。弟子たちは、イエスが湖上を歩いておられるのを見て、『幽霊だ』と言っておびえ、恐怖のあまり叫び声をあげた。イエスはすぐ彼らに話しかけられた。『安心しなさい。わたしだ。恐れることはない。』すると、ペトロが答えた。『主よ、あなたでしたら、わたしに命令して、水の上を歩いてそちらに行かせてください。』イエスが『来なさい』と言われたので、ペトロは舟から降りて水の上を歩き、イエスの方へ進んだ」。

バプテスマのヨハネは、イエスさまに忠実でありました。それゆえに、首をはねられました。弟子たちもまた、イエスさまに対して忠実でよく仕えました。しかし、嵐の中に巻き込まれました。その嵐の只中に弟子たちがいたとき、イエスさまは弟子たちの只中に来られたのです。わたしたちに対してもこう言われました。イエスさまは「わたしは世の終わりまで、いつもあなたがたと共にいる。わたしは決してあなたを離れず、あなたを置き去りにはしない」と。

嵐の只中で、ペトロは言いました。「主よ、あなたでしたら、わたしに来るように言ってください」。これは、ペトロの生涯をいつも導いていた一つの原則です。イエスさまが弟子たちに、網をおろしなさいと言った時に、ペトロは「あなたがそうおっしゃいますから」と言って網をおろしました。「あなたでしたら、わたしに来るように言ってください」。驚くべきことに、29節でイエスさまは「来なさい」とおっしゃいました。

この原則は、あなたにも適用できます。「もしあなたがそうおっしゃるのでしたら」とイエスさまに申し上げて、行動を起こせますか。もしイエスさまがわたしに「そうしなさい」と呼び出されるとしたら「わたしはします」。これがあなたの原則になっていますか。

「イエスが『来なさい』と言われたので、ペトロは舟から降りて水の上を歩き、イエスの方へ進んだ」(29節)。イエスさまはわたしたちに冒険をさせようとして「来なさい」と言います。その時わたしたちは、目をしっかりとイエスさまに据えていかなければなりません。しかしペトロは、イエスさまを見ないで、嵐を見たのです。しかし沈みかけたペトロに、頭上から困難がのしかかってきたときにも、イエスさまからご覧になるときに、イエスさまの足元にあることなのです。

ペトロはイエスさまから目をそらしたために、心挫かれて困難に遭いました。自分たちが沈みかけているとわかった時にするべきことは、振り返って主を見ることです。ペトロは振り返って、大きな声で「助けてください」と叫びました。イエスさまは、ペトロにイエスさまが必要なのだということをわからせようとしました。それからペトロを引き上げたのです。

そして33節「舟の中にいた人たちは、『本当に、あなたは神の子です』と言ってイエスを拝んだ」

と書いてあります。弟子たちは、こう結論したのです。「あなたは神の子です」。

一つの質問で終わります。「あなたは鶏ですか。鷲ですか」。両者は鳥ですが、非常に違います。嵐が来た時、鶏は隠れます。鶏は嵐が怖いので隠れるのです。鶏は羽ばたいて抵抗しますが、しかし、飛ぶことはできません。でも鷲は、これと違います。鷲は嵐が近づく音を高い所でじっと聞いているのです。鷲は、嵐が来たら、翼をさっと広げるだけです。嵐は、鷲が広げた翼の下から風を送って上に飛ばせていくのです。

実は多くのクリスチャンが、こうやって羽ばたいて、自分で何とか解決しようとしているのです。「嵐がやって来る。あっ、怖い。早くどこかに隠れなくては」。しかし、鷲は待つのです。そしてさっと翼を広げる時に力は来るのです。その翼の下から力を受けて鷲が翼を張って上ると、疲れない、決して倒れることはないのです。

（文責・大井　満）

〈ユース・コンベンション〉

わたしは福音を恥としない

山崎　忍

ローマ１・16〜17

序

ユース・コンベンションにおいて、皆さんと御言葉を分かち合える恵みを感謝します。

わたしには、３人の子どもがおりまして、長男は中学3年生で、二男が小学5年生ですが、かなり離れて３歳の娘がおります。福岡で奉仕していたある日、まだ娘が1歳になる前、家族で温泉に行ったとき、先に上がって娘を見ていると、丁度同じぐらいの子がお婆さんと一緒にそこにいました。娘が興味を示し、ハイハイしながら近づくと、そのお婆さんがこう言ったのです。「あらお嬢ちゃん、今日は、お祖父ちゃんと一緒にお風呂に来たの。良かったわね」。悲しいやら、少々むっとしながらも、この白髪では仕方ありません。実際のところ、父親と見られようが、お祖父ちゃんと見られようが、わたしの人生を左右することではありません。

しかし、もしも、学校で、職場で、今身を置いている場所で、つまり、日常の中で、あなたがクリスチャンであることが周りの人たちに知られていないとするならば、それは問題です。それは、外見の問題ではなく、内面の問題に関わることだからです。日本では、自分が唯一のクリスチャンという環境に置かれることも少なくないと思います。

でも、そのような中でも、わたしたちが聞いて、信じたイエス・キリストの福音を恥とせず、証し続けるならば、そこに神さまの偉大なる力が働きます。そのことをパウロは、ローマの信徒への手紙の中心聖句でもある1章16～17節でこう述べています。

「わたしは、福音を恥としない。福音は、ユダヤ人をはじめ、ギリシア人にも、信じる者すべてに救いをもたらす神の力だからです。福音には、神の義が啓示されていますが、それは、初めから終わりまで信仰を通して実現されるのです。『正しい者は信仰によって生きる』と書いてあるとおりです」。

1　福音は神の力

第一に、福音は神の力です。福音とは、良い知らせという意味ですが、それは、イエス・キリストの福音、イエス・キリスト御自身です。イエスさまだけがわたしたちを救う力を持っておられるのです。力は、原文のギリシヤ語デュナミスの訳です。この言葉から、ダイナマイトという言葉が生まれました。ある物質と物質を化合したら爆発が起こったことに驚いたノーベルは、この火薬が人を破壊するために使われないように、平和のために利用されるようにと、この1章16節に使われているギリシヤ語のデュナミスから、ダイナマイトと名付けました。ところがノーベルの願いとは裏腹に、人類は、このダイナマイトを、互いに傷つけ合うために使ってしまいました。

本来、福音が神のダイナマイトであるとは、外側から働いて、人を痛めつける力ではなくて、わたしたちの内側に働いて、内にある罪、汚れ、その人を苦しめているもの、束縛しているもの、痛めつけているもの、過去のさまざまな苦々しい記憶から解放する愛の力なのです。それは、イエス・キリストの十字架と復活の贖いの業によってのみもたらされる力です。このキリストの愛の力がパウロの内側に働き、全く新しい人に造り変えられ、福音を恥としない者となったのです。

福音を恥としないクリスチャン

それでは、福音を恥としないクリスチャンとは、どのようなクリスチャンでしょうか。パウロは、ローマの信徒への手紙の冒頭1章1節で、自己紹介をしていますが、そこにも「福音を恥としない」パウロの姿を見ることができます。1章1節を読んでみましょう。「キリスト・イエスの僕、神の福音のために選びだされ、召されて使徒となったパウロから」。

キリスト・イエスの僕

福音を恥としないクリスチャンとは、キリスト・イエスの僕です。パウロは、この手紙を書き始めるにあたり、「私パウロは、キリスト・イエスの僕だ」と述べています。僕とは、奴隷という意味です。キリスト・イエスの僕となる以前のパウロは、厳格なファリサイ派に属し、神の前に正しく生きようと神の戒め（律法）を守り、自分の力、自分の業によって、聖なる神に近づこうと日々励んでいました。ところが、それで彼の心が満たされることはなく、いつ神に裁かれるかもしれないという恐れもありました。基準に満たない自分の姿に絶望し、他の人には気づかれていなくても、律法の奴隷、罪の奴隷でした。

ところが、そんなパウロのところに、いと高き神御自身が、何と、人となって来てくださり、現れてくださったのです。彼は、フィリピの信徒への手紙2章6節以下でこう述べています。「キリストは、神の身分でありながら、神と等しい者であることに固執しようとは思わず、かえって自分を無にして、僕の身分になり、人間と同じ者になられました。人間の姿で現れ、へりくだって、死に至るまで、それも十字架の死に至るまで従順でした」。

神御自身が、わたしたちを救うために僕の姿を取られました。仕えられるためではなく、仕えるために来られました。十字架を前にして、弟子の足を洗いました。それは、当時の異邦人の奴隷の仕事でした。そして、最後には、十字架にかかることを恥とは思わず、喜んで全人類の罪の犠牲となってくださったのです。

ユダヤ人にとって、木にかけられることは呪われることでした。ローマ帝国内で、十字架刑は最極悪人への処刑方法でした。しかし、どんな大罪に問われても、ローマ市民は十字架によって処刑されることはありませんでした。それほど、人々が忌嫌う、むごい刑でした。ユダヤ人にとっても、ローマ人にとっても、十字架にかけられて死ぬということは、これ以上にない恥辱でした。でも、全能の神が、自分のような罪深い者を救うために、僕となられ、十字架にかかってくださったのです。

パウロは、コリントの信徒への手紙一１章18節で、「十字架の言葉は、滅んでいく者にとっては、愚かなものですが、わたしたち救われる者には神の力です」と述べています。さらに23節で「わたしたちは、十字架につけられたキリストを宣べ伝えています」と語っています。パウロにとって、信じるとは、キリストの十字架と復活を信じること、キリストの十字架のみを誇ること、キリストの十字架を恥としないこと、これに尽きるのです。その救い主イエスさまを信じ、自分自身を明け渡したとき、完全に主のものとされ、「わたしは、キリスト・イエスの僕だ。私は福音を恥としない」と告白する者となったのです。皆さんはどうでしょうか。イエスさまを心の王座にお迎えし、パウロのように、主の僕となり、福音を恥としない生き方をしているでしょうか。

ローマ１章17節でパウロは「福音には、神の義が啓示されていますが、それは、初めから終わりまで信仰を通して実現されるのです。『正しい者は信仰によって生きる』と書いてあるとおりです」と述べています。神の義は、キリストの十字架と復活によって啓示されました。パウロは、それを信じた。

すると、神の力、ダイナマイトが彼の内に働き、彼の自我が滅ぼされ、パウロは主の僕となりました。皆さんも本気で「イエスさまの十字架が、この私に救いをもたらした」と信じるならば、内に神の力が働き、自我が砕かれ主の所有物、主のものとされ、パウロのように、「わたしは、福音を恥とはしない」と大胆に告白することができるのです。

2　福音のための選びを感謝する者

第二に、福音を恥としないクリスチャンは、常に福音のために選び出してくださった神に感謝する者です。パウロはクリスチャンを迫害していましたが、そんな自分を選び出してくださった主に感謝しています。選び出されるとは、前もって取っておかれた。聖別されていたということです。彼は、別の手紙の中で、母の胎の中にあるときに、神が自分を選び出されたと述べています。母の胎にあるときに選ばれたということは、この世に誕生して何かをする以前ですから、何も誇るものはありません。何の功績も見出すことができません。そんなとき既に、選び出してくださった神に、パウロは感謝しています。

でも、あえて言えば、それでも血統や家柄、DNAがなどと言い出す人がいるかもしれません。実際、パウロはユダヤ人として、ベニヤミン族という家系の出です。でも、そんなことは、神の選びとは全く関係ありません。パウロは、後になって天地万物が造られる前に、キリストによって、神が選んでくださったと告白し、ただ一方的な神の憐みによって自分が選ばれたことを深く感謝しています。わたしたちも、前もって、キリストによって選ばれています。

私は、19歳で救われましたが、大学時代にインドへの一人旅をしました。そのとき、旅の途中で倒れ三日間全く動けなくなりました。当時、インターネットも、携帯電話も、固定電話もない。安宿のおばあちゃんは、心配そうに何か言ってくるのですが、英語も通じない。自分はこのまま誰にも知られずに死んでしまうかもしれないと思いました。でも、そのとき、恥ずかしながら、初めてと言ってよいほど、必死に命がけで、涙を流して、それまでのいい加減な信仰の生活を悔い改め祈りました。そして、最後にこう祈りました。「もし、もう一度日本に戻ることができたら、あなたのために何でもします」。そんな自分勝手で危険な祈りをしてしまいました。神はその祈りを忘れることはありません。その私の祈りを聞くずっと前から、私をキリストによって選び、福音の力によって造り変えられ、福音を恥とせず宣べ伝える者としようと選んでくださっていたことを主に感謝しています。

使徒として召された者

福音を恥としない人は、キリスト・イエスの僕であり、神に前もって選ばれていたことを感謝する者です。そして、福音を恥としない人は、神の召しに応答する者です。パウロが「使徒として召された」と言うとき、イエスさまの十二使徒を意識しているのは確かです。でも、使徒と訳されている言葉は、遣わされる者、福音のためのメッセンジャーという意味です。ですから、かならずしも、使徒、牧師、伝道者に限定されません。主はすべてのクリスチャンを福音のために召しておられるのです。召すとは、呼び出されるということです。誰が呼び出すのでしょうか。勿論神ご自身です。神に召された者は、たとえ険しい道であっても、自分が進みたいと思っていなかった道であっても、主の助けによって、神の御心ならば喜んでその道を選び取る人です。その人は、祈る人であり、御言葉に聞き従う人です。

スタンレー・ジョーンズというメソジスト教会の牧師がいました。彼がアメリカのアズベリー神学校でも学生たちを指導していたとき、この学生たちの中から宣教師が起されるように祈っていると、何と神さまは、ジョーンズ自身を召し出されたのです。

さっそく彼は、母親に自分が宣教師として召されたと告げる手紙を書きました。すると母親は憤慨して、こう返事をよこしました。「あなたは間違っています。私は夫を亡くしました。誰も私を見てくれる人はいないのです。神はそのようなことをなさいません。(あなたの)第一の責任は私の面倒を見ることです」。

この返事に、スタンレー・ジョーンズの心はくじかれました。しかし、彼は再びこう母親に手紙を書きました。「お母さん、あなたを少ししか愛していないということではありません。単にキリストを第一にしなければならないということです。神は、私の生涯の上に置いた召しから解放してはくださいません」。

スタンレーの母はこの手紙を見てさらに憤慨しました。しかし、しばらくして彼女は自分の間違いに気づきました。それは、自分の信頼が神にではなく、息子に置かれているということでした。彼女は神に赦しを乞いました。すると以前よりも健康が強められました。神の召しに信仰を持って従ったとき、神は責任を持って母親の健康も守ってくださいました。そして、スタンレー・ジョーンズは、主の計画の中で福音のために用いられました。

そして、わたしたちを呼び出される神は、わたしたちを一人にはしません。助け主、慰め主なる聖霊さまによって傍らに、わたしたちの内に、いつも一緒にいてくださる方です。その方に、わたしたちがすべてを明け渡して、主のものとされていくならば、福音を恥とせず、それぞれに与えられた召しに従って歩むものとされるのです。愛する皆さん、「わたしは、主のものです。私は、福音を恥としません。福音のためにわたしをもっと用いてください」と祈りましょう。

〈第49回大阪ケズィック・コンベンション〉

驚くばかりの恵み

齋藤 清次

―ペトロ2・9～12

神がわたしたちに聖書を与えてくださったことは、なんと大きな恵みでしょう。テモテへの手紙二3章16～17節には、「聖書はすべて神の霊の導きの下に書かれ、人を教え、戒め、誤りを正し、義に導く訓練をするうえに有益です」とあり、神に仕える人は、聖書によって十分に整えられるのです。

ペトロの手紙一は、彼の協力者シルワノによって書かれましたが（5・12）、神の恵みにしっかりと踏みとどまりなさいと勧めています。2・9～12には、「あなたがたは、選ばれた民、王の系統を引く祭司、聖なる国民、神のものとなった民です。それは、あなたがたを暗闇の中から驚くべき光の中へと招き入れてくださった方の力ある業を、あなたがたが広く伝えるためなのです」とあります。

ペトロの手紙の背景には、ペトロが主イエス・キリストと共にあった日の出来事が、忘れがたく記憶に残っていたものと思われます。彼が、イエス・キリストの恵みの中にしっかり踏みとどまらないで、失敗した経験があるからでした。十二弟子の中で、ペトロは負けず嫌いの性格がありました。イエス・キリストが十字架に向かう日が近づいたある日、ペトロは、「たとえ、みんながあなたにつまずいても、わたしは決してつまずきません」、「たとえ、御一緒に死なねばならなくなっても、あなたのことを知らないなどとは決して申しません」（マタイ26・33、35）と言いました。「主よ、あなたのためなら命を捨てます」（ヨハネ13・37）。「主よ、御一緒になら、牢に入っても死んでもよいと覚悟しております」（ルカ22・33）。なんという勇ましい言葉でしょう。ペトロとしては精一杯の信仰を言い表したものと思われます。しかし、それらの言葉はペトロの限界を表していることが分かるときが来ました。

イエス・キリストが裁かれる大祭司の庭で、「あなたもガリラヤのイエスと一緒にいた」と周囲の人から言われるとそれを打ち消し、「何のことを言っているのか分からない」と答え、また「言葉づかいでそれが分かる」と言われると「そんな人は知らない」と誓ったのでした。

ガリラヤはエルサレムから東北に位置していて、ガリラヤ湖の漁師だったペトロには言葉のなまりがあったことでしょう。彼は法廷の場から外に出て激しく泣いたのでした。その涙は自分の言葉に反して、本当に弱くてもろい信仰、人間的な強がりなど、彼の真実の姿に気がついたことを意味していました。

やがて、復活の主イエス・キリストと弟子たちが、ガリラヤ湖畔で再会する日が来ました（ヨハネ

21・15〜)。イエスはペトロに「ヨハネの子シモン、あなたはこのひとたち以上にわたしを愛しているか」と三度も問われました。ペトロは「はい、主よ、わたしがあなたを愛していることは、あなたがご存じです」と言うと、イエスは「わたしの小羊を飼いなさい」と言われました。これらの問答は、イエスがペトロを悔い改めへと導き、彼がイエスを裏切ったという心の傷をいやし、伝道者・牧会者への新しい使命を与えるという、ペトロの信仰の生涯の転機となるものでした。人間の弱さに対して、イエスのまったき愛がここに示されています。その後、ペトロはキリストの愛のゆえに、生涯忠実にその務めを果たして、殉教の死を遂げたと言われています。

ペトロの個人的な信仰の背景の話が長くなりましたが、ペトロの手紙一 2・19以下に戻りましょう。イエス・キリストにあってわたしたちは選ばれた民、王の系統を引く祭司、聖なる国民、神のものとなった民と言われています。もともとわたしたちは罪深い者であり、神の愛と恵みから遠くにいたものですが、主イエス・キリストにより愛される者とされました。このような驚くべき恵みを受けるに値しない存在ですが、神の一方的な恵みにより救われたのです。なぜなのでしょうか。「それは、あなたがたを暗闇の中から驚くべき光の中へと招き入れてくださった方の力ある業を、あなたがたが広く伝えるためなのです」とあります。イエス・キリストの救いを受けて、変えられて新しい人になり、神の恵みを持ちゆく器とされ、神から遣わされて、この世界の人々に驚くばかりの恵みを伝えるキリストの大使とされているのです。「かつては神の民ではなかったが、今は神の民であり、憐れみを受けなかったが、今は憐れみを受けている」（2・11）とみ言葉は語ります。

新聖歌233番の「驚くばかりの恵み」はよく知られ、歌われている賛美です。作詞は英国のジョン・ニュートンで、原題は「アメージング・グレイス」。ジョンは奴隷商人でした。アフリカで多数の黒人を買い取り、ヨーロッパの各地に船で輸送して売りさばき、多額の金銭をもうけていました。ジョンの母は敬虔なクリスチャンで息子の仕事に反対し、奴隷商売をやめるように言い、神に祈っていたのでした。しかし彼は、これ以上儲かる仕事はないと言って聞き入れません。ある日、いつものように船で奴隷を運んでヨーロッパに向かう途中、大嵐に遭い、生命の危険を感じるほどの暴風だったので、ジョンは思わず甲板に膝をつき、神に祈り、罪を悔い改めました。船が港に無事に着いたとき、彼はすべての奴隷を解放しました。彼はこうして真実なクリスチャンになり、その後数多くの賛美歌を作詞しました。神への悔い改めと新生の経験が、神への賛美を生み出す力となり、現在も歌い続けられているのです。

〈驚くばかりの恵みによって、罪深いわたしも救いを受けました。かつては神の御前に失われていましたが、今は見いだされ、かつては目の見えない者でしたが、今は見えるようになりました〉（『アメージング・グレース―光と希望を！ 絶望から救われた奴隷商人の物語』より）。

神の驚くべき恵みは、人間を罪から救い、新しく生まれ変わらせ、さらに聖霊の導きにより潔めの恵みを与えて、わたしたちを和解の使者、平和の使者として世界に派遣されるのです。わたしたちの人生において、全存在、全生活を主にささげる瞬間を経験することは大切なことです。主よ、わたし自身をあなたにささげます。わたしの心の王座にあなたをお迎えします。そしてあなたのご用のためにわたしをどのようなことのためにでも用いてくださいと告白しましょう。

必要なことは次のことです。
①真実に悔い改める。
②罪の赦しの体験をする。
③潔められて感謝と喜びの生活をする。
④主イエス・キリストから派遣されて、人々の救いのために励む。
「父がわたしをお遣わしになったように、わたしもあなたがたを遣わす」（ヨハネ20・21）。

この世界のあらゆるところに、キリストから遣わされている「和解の福音の大使」として、そのつとめを果たしてまいりましょう。

〈第48回北海道ケズィック・コンベンション〉

選びの目的

ヨハネ15・1〜16

長内 和頼

序

「わたしはまことのぶどうの木であり、わたしの父は農夫です。」（ヨハネ15・1）というお言葉を私が初めて聴いたのを覚えているのは、小学生の時でした。もう60年以上も昔のことです。その時、私は大人の聖会の中で聴いたのです。しかし、その後、何年も過ぎてから救いにあずかり、それからも57年が過ぎましたが、今は自分がこの大切なことをどの程度知ったのだろうかと考えさせられています。このたび、皆さんとご一緒にみ言葉から教えられたいと存じます。

「あなたがたがわたしを選んだのではありません。わたしがあなたがたを選び、あなたがたを任命したのです。それは、あなたがたが行って実を結び、そのあなたがたの実が残るためであり、また、あなたがたがわたしの名によって父に求めるものは何でも、父があなたがたにお与えになるためです」

（ヨハネ15・16）。

ここに主イエスが私たちを永遠の救いにお選びになられた目的が明確に表されていますが、概略をまとめると次のようになります。

◎私たちの救い主イエスさまは、まことのぶどうの木であり、水分と栄養、そしていのちを豊かに枝に供給される。

イエスさまは父なる神の戒めを守り、父の愛の中に留まっておられる。また、私たちを愛し、私たちが主の愛の中に留まり、戒めを守り、多くの実を結び、主イエスの弟子であることを証しして父なる神に栄光を帰することを望んでおられる。

◎父なる神は農夫であり、枝が多くの実を結ぶために刈り込み（剪定《せんてい》）をなさる。

私たちの周囲から、また私たち自身の中からも実を結ぶ妨げとなるものは切り除かれる。父なる神は、枝が多くの良い実を結ぶことにより栄光をお受けになられる。

◎私たちは不思議な神の御心により救いにあずかり、まことのぶどうの木であるイエスさまに連なる枝とされた。

私たちが命ぜられていることは、イエスさまの愛と恵みの中にしっかり留まり続けていることと、戒めを守ること、そして期待されていることは、豊かな良い実を結んで父なる神に栄光を帰することである。

1　行って実を結ぶ

次に、16節に記されている、私たちを選び、お救いくださった主イエスの目的をより良く理解したいと思います。

「……行って実を結ぶ」とは、どういうことでしょうか。聖書から教えられたいと思います。

①　悔い改めの実を結ぶこと

神に対する真実な悔い改めと、主イエス・キリストに対する信仰によりバプテスマ（洗礼）を受ける人々に、神さまは罪の赦しと、賜物として聖霊を授けてくださると使徒の働き2章38節に記されています。

そして、神の御霊に導かれて歩む者が「神の子」（ローマ8章）であり、キリストの御霊を持たない者はキリストのものではないと言われています。恵み深い神さまは、悔い改めて主イエスを救い主と信じる者の罪を赦し、東より西の遠いがごとく罪から引き離し、あたかも罪が無かったかのように赦し、信じる者の罪を忘れてくださると約束されました。

しかし、その後、健全な信仰の成長ができない者や、罪を赦される必要など無かった者であるかのごとく、極めて傲慢な者や不敬虔な者などが現れて来ます。これはどこかに原因があるからです。おそらくそれは悔い改めの不徹底のゆえに起きて来るものだと考えられます。悔い改める者は、それが真実であることが証明されるような実を結ぶべきなのです。良い実を結ばない者は切り倒されると言われています。

「斧もすでに木の根元に置かれています。だから、良い実を結ばない木は、みな切り倒されて、火に投げ込まれます」（マタイ3・10）とあるとおりです。何と厳かなことでしょうか。あなたの悔い改めは真実なものですか。それにふさわしい悔い改めの実が結ばれているでしょうか。私たちは自分が罪赦された罪人であることを忘れるべきではないと思います。へりくだってますます砕かれていくことが大切です。テモテへの手紙第一1章15節に、使徒パウロは、自分が罪人の中の頭《かしら》であると告白しています。また、イザヤ書51章1節には、「……切り出された岩、掘り出された穴を見よ」と言われています。ぜひ、悔い改めにふさわしい実を結ばせていただきましょう！

② 御霊の実を結ぶこと

神は、私たちキリスト者に御霊の内住により与えられる聖い品性、すなわち、「愛、喜び、平安、寛容、親切、善意、誠実、柔和、自制」の実を結ぶことを望んでおられます（ガラテヤ5・22〜23）。

真実な悔い改めに基づく主イエス・キリストを救い主と信じる信仰に対して与えられるのは、罪の赦しの確信と御霊の内住という賜物です（使徒2・38）。神さまは、聖霊を証印として与えてくださり、内住くださる神の御霊は私たちの内にご自身の品性を分かち与えて「御霊の実」と言われるきよい品性を形造ってくださいます（Ⅱペテロ1・3～4）。御霊による実として、本来の自分の中には持ち合わせていなかった聖い品性が与えられます。

皆さんの良く承知している上記の「御霊の実」が豊かにされることを、信仰と祈り、そして主がお与えになる訓練や試練の中で豊かに増し加えられることを求めてまいりましょう。その中でキリスト者とされた私たちは祈りと信仰により聖霊の与えてくださる実により、誠実、かつ忠実な品性の持ち主とされ、神さまに対しても誠実な者でありたいものです。誠実な礼拝、忠実、かつ真心からのささげもの、そして、忠実な従いと奉仕を目指しましょう。また、人間関係においても誠実、かつ真実な者として良い証しを立てることを目指しましょう。御霊がくださる品性の実を豊かに持たせていただくべく信仰を新たに求めようではありませんか。

③　救霊の実（宣教の実）を結ぶこと

「みことばを宣べ伝えなさい。時が良くても悪くてもしっかりやりなさい」（Ⅱテモテ4・2）。

福音は人から人へと伝えられ、1世紀前半のユダヤのエルサレムから、時代的にも地域的にも遠く隔たった21世紀の日本に生きる私たちにまで、救いの福音は伝えられ、恵みが及んできたことは何と驚くべきことでしょうか。アンデレはイエスさまにお会いしてこの方こそ神のメシヤだと信じた後、すぐに兄のペテロに伝え、彼をイエスさまのところに連れてきました。そして、兄のペテロもイエスさまを信じました。

現在の日本の教会にとって大きな問題は、プロテスタントの信仰が日本に伝えられてから今年で155年になるにもかかわらずクリスチャン人口が未だ1パーセントにも及ばないということです。皆さん、あなたの生活している世界に福音を伝えてください。親兄弟、夫、妻、子、孫、その他の親族のために祈りましょう。

私の母はよく人を教会に誘い連れて行きました。しかし、それらの人たちがすべて入信して教会に定着したわけではありませんでした。そのことをよく嘆いていました。そして、とどのつまり、せめて自分の子どもだけでも確実に救われてほしいと祈っていました。私の妹と弟は日曜学校から順調に信仰に進みました。しかし私は、中学1年生の終わりまで日曜学校に通っていましたが、やがて行かなくなり、5年程は1年に1、2回程度しか行かなくなってしまいました。私の母は朝にも晩にも泣きながら熱心に祈り続けていました。そして、遂に積み上げられた祈りが爆発するかのように、母の祈りが聞かれる時が来ました。そして、私は救いにあずかりました。

皆さんの家族は全員救われていますか。まだでしたら何が何でも救っていただきたいという切願の心を持つことが大切です。そこから切願の祈りが始まります。家族親族だけではなく、あなたの周囲の人々のために今まで以上に信仰を新たに祈り続けましょう。

2　その実が残るために

私たちが神の恵みによって実を結ばせていただいたならば、その実がいつまでも残ることが主の望んでおられるところです。言い換えれば、主が望んでおられるのは一時的なものではないのです。結ばれた実がいつまでも存続し続けるには何が必要でしょうか。次の代に信仰が受け継がれたとしても、そこで終ってしまって良いのではありません。代々末永く続くことこそ大事です。そのためには、継続的で熱心な執り成しの祈りがどんなにか必要なのです。「すべての祈りと願いを用いて、どんなときにも御霊によって祈りなさい。そのためには絶えず目をさましていて、すべての聖徒のために、忍耐の限りを尽くし、また祈りなさい」（エペソ６・18）。

また、その実が残るためには、犠牲をいとわぬ愛の労苦と絶えざる魂への継続的な心配りが求められます。「私たちは、このキリストを宣べ伝え、知恵を尽くして、あらゆる人を戒め、あらゆる人を教えています。それは、すべての人を、キリストにある成人として立たせるためです。このために、私もまた、自分のうちに力強く働くキリストの力によって、労苦しながら奮闘しています」（コロサイ１・28〜29）。

3　祈りが聞かれ祈りの応えを受け取る恵み

「……また、あなたがたがわたしの名によって父に求めるものは何でも、父があなたがたにお与えになるためです」（ヨハネ15・16）。

キリスト者は祈りについて多く教えられており、読んでおり、聞いており、知っています。主の祈りも、「絶えず祈れ！」（Iテサロニケ5・18）のみことばも、「何も思い煩わないで、あらゆる場合に、感謝をもってささげる祈りと願いによって、あなたがたの願い事を神に知っていただきなさい」（ピリピ4・6）というみことばもご存知のことでしょう。しかし、知っていることと実践していることとは大きく違います。信仰の祈りを実践し、日常生活化しようではありませんか。

そして、祈りに対する応えを受けとらせていただけるという信仰をしっかりと持とうではありませんか。主イエスはそのことをすべてのキリスト者に望んでおられ、また約束されているのです。

「あなたがたは今まで、何もわたしの名によって求めたことはありません。求めなさい。そうすれば受けるのです。それはあなたがたの喜びが満ち満ちたものとなるためです」（ヨハネ16・24）。

結び

では、主イエスさまが私たちをお選びくださった目的に沿うために必要なことは何でしょうか。以下のみことばを心に銘記しましょう。

「父がわたしを愛されたように、わたしもあなたがたを愛しました。わたしの愛の中にとどまりなさい」（ヨハネ15・9）。

イエスさまの愛の中に留まり続ける歩みとは、具体的にはどういうものでしょうか。それは、主イエス・キリストとの絶えざる交わりの中に歩むことです。

イエスさまの愛の中に留まり続ける歩みの第一は、祈りです。時々ではなく毎日祈ります。目醒めて祈り、食前に祈り、仕事の始めと終わりに祈り、隠れたところで見ておられる神の前に隠れた祈りの時を持ちます。

第二は、聖書の拝読です。聖書のみことばは、道筋を照らす光、足元を照らすともし火です（詩篇119・105）。聖書のみことばは、いのちの言葉であり、真理の言葉です。聖書を毎日読むことによってみことばを心に豊かに蓄えることができるのです（詩篇119・11、コロサイ3・16）。

第三は、毎週礼拝を大切に守ることです。次の礼拝に備えて説教者、兄弟姉妹のために祈ると共に、毎日の歩みが礼拝そのものであることを覚えるべきです。

第四は、日常対人関係の中で常に自分がキリスト者であることを明らかにして生活することです。家庭、職場、学校をはじめ、地域、また親族、友人知人の中でキリスト者であることを言い表します。

第五は、ささげものと奉仕です。自らが神の恵みによって活かされている者であることを自覚し、与えられたものの十分の一を神のものとして聖別し神に納め、残りの十分の九の中から礼拝及び感謝のささげものをします。持てる力と能力に従って神への奉仕、教会の奉仕を励むのです。

神に愛されている確信のもとにこれらの5つのことを偏りなく励むことは、キリストの愛の内に留まることの表れです。そしてこれらの歩みは神に栄光を帰することであります。神の豊かな祝福と平安のうちに御国を目指す信仰の戦いにゆとりある勝利を目指して励みましょう！

〈第24回九州ケズィック・コンベンション〉

マリヤの信仰に学ぶ ——マリヤの葛藤

ルカ2・41〜51、ヨハネ2・1〜12、マルコ3・20〜21、31〜35

小西 直也

1. ルカ2・41〜51

救い主の母として生きることは、マリヤにとって決して簡単なことではなかったと思います。彼女にとってイエスは自分の子供のようでもあり、自分の子供ではないようでもあり、イエスが家族と一緒に暮らす中で成長する時も、30歳から神の子としての働きを始めた後も、いつも、心の中に葛藤を覚えていたと思うのです。主イエスを本当に理解することができたのは、十字架につけられた主イエスを見たときであったかも知れません。

最初の葛藤は主イエスが12歳の時の出来事がきっかけでした。少年イエスが12歳になった時のことです。イエスは、ヨセフとマリヤとともにナザレで子ども時代を過ごしていましたが、12歳の時に、両親に連れられてエルサレムの神殿に行きました。神殿で、過越の祭りを祝うためです。ユダヤ人の子どもは13歳になると「律法の子」と呼ばれ、律法を守るユダヤ教の社会に成人として迎えられました。ユダヤ人の父親には、自分の子どもが13歳の成人式を迎える前に必要な準備教育を行うという責任が与えられていました。そのような準備教育の意味で、イエスが12歳になった時に、マリヤとヨセフはイエスをエルサレムの神殿に連れて行ったと思われます。過越の祭りは7日間続きますが、主な儀式は最初の三日間に行われます。

当時、ナザレから過越の祭りを祝うために、エルサレムの神殿に出かけるときは、村全体で出かけるので、婦人のグループと男性のグループに分けられて、グループでまとまって旅をしていました。マリヤは婦人のグループ、ヨセフは男性のグループに加わって、帰途についていたと思われます。一日歩いて、それぞれのグループがテントを張って休む時になって、はじめて、ヨセフもマリヤもイエスがいなくなっていることに気がつきました。二人は必死になってイエスを探したが見つかりません。その夜は二人とも眠れなかったことでしょう。

次の日、二人は大急ぎでエルサレムに戻り、イエスがいそうな通りや広場をあちこち探し回ったことでしょう。そしてようやく三日目に、イエスが神殿でユダヤ教の教師たちの真ん中にすわって教えを聞いたり質問したりしているのを見つけました。主イエスが神の子としての働きを始めたころ、ナザレの人々はイエスを見て「ヨセフの子ではないか」と言っていますので、イエスは、子どものころヨセフを父と呼び、マリヤを母と呼んでいたでしょう。そのような状況の中で、マリヤはイエスの誕生の目的、自分が救い主の母であることの目的などを、まだ完全には理解できていなかったのではないでしょうか。それで、48節では、マリヤは、イエスを自分の子供だと思い、親に何も言わずに神殿に残って大人の教師と論じ合っていることは間違っていると思って、主イエスを叱りつけました。「あなたは、なぜ私たちにこんなことをしたのです」。マリヤはイエスの知恵に驚くと同時に、イエスの行動が理解できません。

イエスは「わたしが必ず自分の父の家にいることを、知らなかったのですか」。と答えられました。主は13歳で律法の子と呼ばれるための準備をすでにしておられました。自分が父なる神から遣わされて救い主としてこの世に来ていることを自覚しておられたのです。しかし、ヨセフとマリヤにはイエスの言葉の意味がわからなかったでしょう。「わからなかった」と訳されている言葉は「シュニエミー」ですが、もともとの意味は「組み合わせる」という意味です。マリヤにとって、主イエスを少しずつ理解していたと思いますが、まだジグソーパズルを組み合わせている途中で、パズルを完成するまでに至っていなかったようです。ですから、イエスの言葉の意味を完全に理解することができなかったのです。

その後、イエスはヨセフとマリヤといっしょにナザレに帰りました。そして、両親に仕えました。イエスは自分が父なる神から遣わされた救い主であることをすでに自覚していましたが、地上の父と母を敬っていました。その姿を見て、マリヤはこれらの出来事、イエスの語った言葉など、すべての心に留めていました。マリヤは、常に神の目的を知ろうとして、深く考えていました。ジグソーパズルのピースを一つ一つ加えていくことで全体像が見えて来ます。そのように、マリヤはイエスと自分に関する神の御心を理解しようと、思いめぐらしていたのです。私たちも、マリヤの姿勢を見習うべきです。私たちは、自分の頭で理解できないことが発生したり、理解できない御言葉に出会うと、すぐに、理解しようとすることをあきらめたり、無視したり、怒りを感じたりします。しかし、マリヤのように、心に留めてこの目的は何だろうかと考えることが必要です。神の御心が後になって分かることがよくあります。神の目的に、誤りはありません。そのことを信頼して、早急な結論を下して行動に出ることは控えなければなりません。

2. ヨハネ2・1〜12

次の出来事は、カナの結婚式の場面です。最初の出来事から18年たっていました。イエスは30歳、マリヤ45、46歳ぐらい。この結婚式の時に、ヨセフのことが書かれていないので、恐らく、すでにヨセフは亡くなっていたのでしょう。マリヤは未亡人となり、子供たちに支えられていました。イエスは家を出て、神の子としての働きを始めており、弟子たちが集まり、イエスが説教をする時には大勢の人々が集まるようになっていました。ナザレから近いカナの町で結婚式が行われていました。この結婚式で、マリヤは客をもてなすために働いていたので、マリヤの親戚の結婚式だったかもしれません。ユダヤの結婚式は一週間続くのですが、披露宴が続けられている時に、マリヤはブドウ酒がなくなりつつあることに気がつきました。披露宴の食事や飲み物を用意するのは花婿の責任でしたが、途中でブドウ酒を切らすことは、花婿にとって一生の恥でした。マリヤは花婿に恥をかかせたくなかったので、この状況を解決するために、マリヤはイエスに助けを求めました。イエスに頼めば、きっと助けてくれると思ったからです。

マリヤの求めに対して、イエスは「あなたは、わたしと何の関係があるのでしょう。女の方。わたしの時はまだ来ていません」と答えられました。ここで主イエスは、自分と母親の関係と、今、目の前にある問題は完全に別だということを教えようとされました。主イエスは、神の子としての働きをするときに、それはつねに父なる神の御心を行うのだということをはっきりとさせておられるのです。主イエスが行うすべての業は、父なる神が決められたタイムテーブルに従って行われるのであって、母親、あるいは他の人間の願いに基づくものではありません。

ヨハネ6章38節で主イエスは「わたしが天から下って来たのは、自分のこころを行うためではなく、わたしを遣わした方のみこころを行うためです」と言われましたが、マリヤは、このことを理解しなければなりませんでした。しかしながら、主イエスは、マリヤを低く見ているわけではありません。「女の方」と訳されている言葉は、ユダヤ人のあいだでは、相手に敬意を表す挨拶言葉です。しかし、それ以上に重要なことは、イエスは、マリヤの息子ではなくマリヤの主であること、そして、主の御心がマリヤの御心にならなければならないということでした。

それに対してマリヤはどのように応答しているでしょうか。彼女は手伝いの人たちに言いました。「あの方が言われることは何でもしてあげてください。」彼女は、主人に仕える召使いのようにイエスの言葉に従順に従いました。「主が言われることは何でもするように」。私たちクリスチャンは、いつも、この姿勢を持っていなければなりません。彼女は、主イエスとともに生きながら、少しずつ、自分に関する神の御心、イエスに関する神の御心を理解して行ったのです。

3　マルコ　3・20〜21、31〜35

主イエスが、神の子としての働きを始めると、人々はイエスの権威に満ちた教えと奇跡の業に驚き、イエスの噂はあっという間にイスラエル全土に広まりました。主イエスが行くところには、常に大勢の群衆がついていくようになり、悪霊につかれた人や、病気の人々をイエスのもとに連れて来ました。こういう状況で、主イエスも弟子たちも食事をする時間さえありませんでした。しかし、同時に、主イエスを批判する人も多くおり、主イエスの奇跡の業を見て、主イエスが悪霊の力でこのような業を行なっていると言いました。また、故郷ナザレの会堂で教えておられた時には、ナザレの人々は主イエスの教えを聞いてひどく怒り、イエスを殺そうとしたほどでした（ルカ4章）。

このような状況の時に、イエスの身内の者たちがイエスを連れ戻すために、ナザレからカペナウムにやって来ました。「イエスは気が狂っている」と言う人たちがいたからです。ヨハネ7章5節によると、イエスの兄弟たちもイエスを信じてはいませんでした。マリヤは、主イエスと他の子供たちの間で、葛藤していたことと思います。彼女は夫が死んだ後、子供を育ててきましたが、主イエスが30歳になってから突然家を出て、神の子としての働きを始めました。マリヤの他の子供たちはイエスが、救い主メシアであることを信じていません。マリヤが他の子供たちに自分が天使ガブリエルから聞いたメッセージを語ったたかどうかわかりませんが、たとえ語ったとしても、子供たちはだれもマリヤの話を信じなかったでしょう。

他の子供たちは、母マリヤの態度が、イエスに対する時と自分たちに対する時、何かが違うことを感じて、主イエスに嫉妬していたかもしれません。また、イエスは他の兄弟たちと雰囲気が違い、きっと近寄りがたい存在であったと思います。そんな兄弟たちが、イエスの噂を聞き、また人々が「イエスは気が狂っている」と言っていることを聞いて、我慢ができなかったのだと思います。それで子供たちは、母マリヤを説得して、イエスをナザレに連れ戻すことを決め、母親にも一緒に行くように説得したのだと思います。マリヤは他の子供たちを説得することができずに、子供たちに引っ張られて主イエスのところに来ました。こどもを持つ母親として、兄弟同士が争っているのを見るのは辛かったにちがいありません。

マルコの福音書3章31節以降に書かれている記事では、マリヤとイエスの兄弟たちが再びイエスのもとに来た時に、そのことを知った主イエスが群衆に向かって言われました。「神のみこころを行う人はだれでも、わたしの兄弟、姉妹、また母なのです」。主イエスは、マリヤやマリヤの子供たちとの関係を拒否されたのではありません。主イエスが言われた言葉の意味は、私たちが父なる神の家族の関係が、地上の家族の関係よりももっと大切であることを言われたのです。神のみこころを行う人が神の家族なのです（33節）。

この言葉を聞いた時に、マリヤは30年ほど前のことを思い出したでしょう。御使いガブリエルから、救い主の母となるために選ばれたことを知った時に、自分の将来が厳しいことを知りつつも、その道を進むことを決心した日のことです。33節のイエスの言葉を聞いてマリヤは目が覚めました。自分にとってもっとも大切なことは、人や家族から言われることに答えることではなく、神の御心に従い続けることだということに気づいたのです。他の子供たちは、主イエスを救い主として信じていません。この日以来、彼女は、新しい思いで、他の子供たちの救いために祈り続けたと思います。そして、その祈りは答えられる日がやがて来るのでした。

私たちの信仰生活にも迷いや葛藤を感じることがあります。他の人から言われることが気になって、それに影響されてしまうことがあります。私たちの常識や考えでは理解できないことが起きることもあります。マリヤも、主イエスと他の子供たちを育てながら、そのようなことを何度も経験したことでしょう。しかし、マリヤは、どんな時も、すぐに結論を出すのではなく、イエスの言葉を理解しようと思いめぐらし、イエスの言葉に従い続けました。私たちも、マリヤの葛藤を見ながら、マリヤのように主に従い続けなければなりません。その時に助けとなることを3つ述べましょう。

第一に神の約束をいつも思い出すことです。聖書の中には様々な約束が与えられています。その約束をしっかり握りしめましょう。

第二に、私たちには今わからないことがあると謙遜に受け入れることが大切です。主イエスが最後の晩餐の時に弟子たちの足を洗われましたが、驚くペテロに向かって「わたしがしていることは、今はあなたにわからないが、あとでわかるようになります」と言われました。マリヤもイエスとの関わりの中でわからないことが数多くあったはずです。しかし、彼女はそれにすぐに反応せず、思いめぐらしていました。今はわからないことがあることを彼女は受け入れていたのです。

第三に、忍耐を働かせることです。マリヤは本当に忍耐の人でした。ヘブル書10章35、36節にはこう書かれています。

「あなたがたの確信を投げ捨ててはなりません。それは大きな報いをもたらすものなのです。あなたがたが神のみこころを行って、約束のものを手に入れるために必要なのは忍耐です」。

この神の約束を信じて、私たちも忍耐をしながら、主の御心の道を進み続けましょう。

〈第24回九州ケズィック・コンベンション〉

御言葉に立つ信仰

ロバート・エイメス

ヨハネ4・43〜54

ヨハネの福音書には7つの奇跡が描かれています。それらは「しるし」と呼ばれています。「しるし」と呼ばれる理由はそれが特定の教えと結びついているからです。それは、主イエスが教えたいと願っておられることとの説明のためのものです。たとえば、水がぶどう酒に変わるというのは、主イエスは物事を新しくされる方だということを示しています。さらにそれは、ヨハネの福音書3章のニコデモとの出来事と結びついているのです。そこにあるのは「生まれ変わる」という教えです。また。ヨハネの福音書6章の5000人の人たちを養う出来事があります。この出来事は、主イエスがおっしゃった「わたしは命のパンである」という教えと結びついています。そのように、今開かれている聖書の個所もスカルの町で起こった出来事と結びついているのです。

何が起きたのか

主イエスは北部地方を旅しておられました。主イエスの旅は徒歩の旅です。北部地方へ行く場合、エリコを通るか、当時は対立していたサマリヤの地を通っていくことになります。当時の一般的なユダヤ人たちは、ヨルダン川に沿った道を通りました。しかし、主イエスはサマリヤを通らなければなりませんでした。それは、ある人に会うためでした。主イエスは、スカルという町のヤコブの井戸のそばに腰を下ろされました。そして、一人の女性と出会います。この女性は、道徳的な問題を持った女性でした。誰も、この女性と関わりたいとは思いませんでした。この女性は普通の人たちが水をくむはずのない、太陽の照り付ける真昼にやって来ました。なぜなら、この女性はほかの誰とも関わりたくなかったからです。ところが、そこで、主イエスはこの女性と出会われます。それも、当時の習慣としては驚くべきことに、男性から女性に声をかけられたのでした。そして、このイエスさまの行動が、女性の生き方を一変させてしまいます。ユダヤ人の律法に照らしてみれば、女性と宗教の話をする、というのは律法を犯すことになるのです。それも相手は異邦人の女性です。

主イエスは「水を飲ませてください」とおっしゃいます。しかし、主イエスがお考えになっておられたのは「生ける水」のことでした。黙示録22章17節においては、「価なしに与えられる命の水」と教えられています。それが、この女性に対するイエスさまの愛です。この会話は革新的なものです。

しかし、福音と出会うためには通らなければならないことがありました。彼女は自分の罪と向き合わなくてはならなかったのです。福音が、私たちに罪人であることを教えるのです。なぜなら、主イエス・キリストは、この世に罪人を救うために来られたからです。私たちは、自分が罪人である、ということを知らなければ、福音と無関係になってしまうのです。そういう状況に直面した時の人々の反応は似ています。そして、この女性も、同じように、この状況から逃れようとするのです。

誰も、自分を低くして、自分の本当の姿と向き合うということは困難なことです。このサマリヤの女性は、宗教的な話をすることによって、この状況を避けようとします。ユダヤ人とサマリヤ人は宗教儀式について違った考えをもっていました。しかし、主イエスは、そうした議論からこの女性を引き戻されます。主イエスは21節で礼拝の場所を変えられ、22節では礼拝の内容を変えられ、22〜23節では礼拝の在り方を変えられ、私たちは「霊とまことをもって父を礼拝する」とあるように、礼拝の関係を変えられました。

この女性は再度会話を避けようと試みます。しかし、そのような議論は終わりを迎えます。主イエスは彼女に対して驚くような宣言をなさいます。「あなたと話をしているこのわたしがそれ（キリストと呼ばれるメシヤ）である」。彼女は興奮して村に帰って人々に告げました。「わたしのしたことを何もかも言いあてた人がいます」。彼女が興奮して話したので、人々は信じました。そして、村人たちが出て来て、主イエスとの出会いが起こります。それはすばらしいリバイバルとなりました。

結びついていること

ここでの聖書の強調点を皆さんにぜひ理解していただきたいのです。彼らは言いました。「わたしたちが信じるのは、もうあなたが話してくれたからではない。自分自身で親しく聞いて、この人こそまことに世の救主であることが、わかったからである」。この個所をよく心にとどめていただきたいのです。「自分自身で親しく聞いて」、これが、今回のケズィック・コンベンションのテーマです。「神の御言を聞く」ということであり、「聞いて従う」ということです。

主イエスのニュースはガリラヤ全体に知れ渡ります。そしてその噂を聞きつけた一人の役人が、主のところにやって来ます。この役人は深刻な問題を抱えていました。彼には一人の息子があって、今、死にかかっていました。彼はその時に考えました。「きっと、主イエスなら、息子を癒してくださる」。彼は、主のもとに新しい希望を持ってやって来たのです。彼は20マイルという長い道のりを歩いて主のもとにやって来ました。そして、主にお願いをします。人は自分の子どものためならばどんな犠牲も惜しまないものです。そのように、この役人は主に「カペナウムに下って来て……なおしていただきたい」と願うのです。役人の願いは「下って来て」ということでした。ところが、主の答えは、この役人の願う、息子の癒しとは関係のないことを言われたように思います。この言葉だけですと、理解できません。またこの状況とは無関係のことのように思われます。どうしてそのようなことをおっしゃったのかを考えてみたいのです。

主イエスは、この時、人々が奇跡だけを求めて主の教えに関心を持っていない様子にフラストレーションを感じておられたのではないでしょうか。スカルの町では人々は聞くことよりも見ることに重きを置いていました。しかし、大切なのは奇跡ではなくて、教えです。

6章をお開きください。そこには、5、000人以上の人々を養うできごとが記されています。それは男性だけの数で、女性や子どもの数は数えられていませんから、総数としては12、000人を超えていたことでしょう。この奇跡の後で、主は向こう岸に渡られました。人々は主イエス一行を捜します。人々は言います。「わたしたちが見てあなたを信じるために、どんなしるしを行ってくださいますか」(30節)。彼らはしるしを求めていたのです。奇跡は興奮するものです。そして、そうした刺激的な欲求はとどまることがないのです。ところが主イエスは、そこで教え始められるのです。それも厳しい教えです。主イエスご自身が「命のパンである」という教えです。その教えを聞いた人々の反応はどうさったでしょうか。「ユダヤ人らは、イエスが『わたしは天から下ってきたパンである』と言われたので、イエスについてつぶやき始めた」(41節)というものでした。彼らは奇跡を喜びましたが、教えはそうではありませんでした。「この人はどうして、自分の肉をわたしたちに与えて食べさせることができようか」(52節)と言い、弟子たちさえもが「これは、ひどい言葉だ。だれがそんなことを聞いておられようか」(60節)と言います。そして、「多くの弟子たちは去っていって、もはやイエスと行動を共にしなかった」(66節)とあります。そこで、主は12弟子に言われます。「あなたがたも去ろうとするのか」。12、000人を超える人たちが主の後について来たというのに、それが同じ章の終わりでは、12人になってしまったというのです。多くの人々は、主イエスの教えを受け入れなかったのです。シモン・ペテロは答えます。「主よ、わたしたちは、だれのところに行きましょう。永遠の命の言を持っているのはあなたです」と。スカルの人たちは「自分自身で親しく聞いて」と言いました。主は問われます。「あなたは、私に関心があるのか」。

聞いて従う

しるしは、主のメッセージを聞くためのものです。4章の役人のところに戻りましょう。この役人は主イエスからどんなことを言われても、そのテストに合格したのです。49節で「主よ、どうぞ、子供が死なないうちにきて下さい」と願います。すると主イエスの驚くべき言葉を聞くことになりました。「お帰りなさい。あなたのむすこは助かるのだ」。この役人は、主に来ていただいて、癒していただきたいと願っていました。ところが主イエスがおっしゃったことは「お帰りなさい」でした。そこで、この男は20マイル以上の距離を歩き始めます。主に一緒に来ていただきたいというこの男の願いはかなわなかったように見えます。しかし、ここがポイントなのです。「彼は自分に言われたイエスの言葉を信じて帰って行った」。彼は主イエスの言葉を、そのまま、まっすぐに受け取ったのです。スカルの人たちは「自分自身で親しく聞いて」と言いました。ペテロは「永遠の命をもっているのはあなたです」と答えます。そして、この役人は、主イエスの言葉をそのまま受け取って、家に帰ったのです。

長い距離を、主は祈りに応えてくださったのかどうかもわからないままに帰ることは困難なことです。私たちも切なる願いを持っています。長く祈り続けていることがあります。それは、すぐには答えられないものかもしれません。もしかしたら、私たちが地上でその祈りが成就するのを見ることもできないものであるかもしれません。しかし、この役人は主の言葉を受けとりました。それ以上でも以下でもありませんでした。このことがクリスチャン生活にとって最も重要なことなのです。皆さんは、何千回とケズィック・コンベンションに行くことができます。数百冊の本を読むこともできます。多くのメッセージを聞くこともできます。しかし、その結論はこれです。これこそが祝福されたクリスチャン生活の秘訣です。御言を聞くこと、そして、御言に従うことです。この役人は、主イエスの御言を握って帰って行きました。50節の後半にはこうあります。「彼は自分に言われたイエスの言葉を信じて帰って行った」。これ以上、シンプルに言うことはできないと思います。これが秘訣なのです。

私たちの信仰に対する適用

私たちは、主の御許にやって来て、主に願います。経済的な問題であったり、肉体的な問題であったりするかもしれません。祈りというのは簡単なことではありません。熱心な祈りであっても、それに対する答えが、私たちの全く予期しないものである場合があります。しかし、鍵はここにあるのです。主イエスの言葉を正面から受け止め、約束を信じることです。それで十分なのです。この約束の上に立つのです。私たちの願い、必要、希望を、愛なる神の御手に置くのです。そして「あなたは帰りなさい」とおっしゃる主の御言をそのまま信じて歩むのです。

（文責・塩谷 弘）

〈第22回 沖縄ケズィック・コンベンション〉

このことを信じるため

ロバート・エイメス

ヨハネによる福音書11・1〜27

ヨハネ福音書の11章をご一緒に読んでまいります。ヨハネの福音書は不思議と奇跡で満ちあふれている書物です。

11章1節には、ラザロが病に伏していたと記されています。彼は死の床にいるのです。しかし、イエスさまは死からラザロをよみがえらせたと告げます。ラザロがずっと生き続けることはできません。彼はいずれ死んでしまいます。では神はどういう目的で、ラザロの出来事をなさったのでしょうか。26節を読みますと、「あなたはこのことを信じますか」と書かれています。奇跡の目的はイエスさまが言われた「このことを信じますか」ということです。46節を読むと、マリアのところに来てイエスのなさったことを目撃したユダヤ人の多くは、イエスさまを信じたとあります。奇跡の目的はわたしたちが信仰を持つことです。わたしたちの信仰をイエスさまにしっかりと委ねて歩んでいくということです。

マルタとマリアはイエスのもとに人をやって「主よ、ラザロが、兄弟がよくありません」と訴えました。この人々はイエスさまにとってとても大切な家族でした。イエスさまはベタニヤの家庭を愛して、本当に自分の家で憩うかのように過ごされました。4節ではっきりとそのことがわかります。ラザロの死からの復活は、ただの奇跡ではなく、神の栄光が現わされ、イエスさま御自身の栄光が現わされるということです。

イエスさまがラザロのところへ到着するのが遅くなったと聖書は記しています。これは不思議なことでした。ラザロが病気だと聞いています。できるだけ早くベタニヤに行かなくてはいけないのです。14節以下を見るとイエスさまがなぜ遅れて行かれたのかその理由が書いてあります。「ラザロは死んだのだ。わたしがその場に居合わせなかったのは、あなたがたにとってよかった」と。なんと不思議なイエスさまの言葉でしょうか。どうしてイエスさまはそのように語ったのでしょうか。「あなたがたが信じるためである」です。このテーマが、つまり信じるということが、この11章でずっと繰り返して、わたしたちに語られているのです。

では一体何を信じたらよいのでしょうか。「わたしは復活であり、命である。わたしを信じる者は、死んでも生きる。生きていてわたしを信じる者はだれも、決して死ぬことはない」（25〜26節）ということです。

そして17節、イエスさまはベタニヤに着いたと書いてあります。わたしたちはイエスさまが遅れて行かれたということを知っています。イエスさまが到着されたのは彼が死んで4日も経ってからだと。ラザロの体はすでにもう腐敗が始まっていたのです。そして悲しみ嘆く人たちがやってきたのです。その頃の告別式には泣き女と言われる人たちがいました。しかし、ラザロの場合は本当に心から悼み悲しむ人々がやってきたのです。彼らは友人であり、マルタやマリアを本当に支えてあげたいという熱い思いをもってきました。

イエスさまがやってきたと知らせが届きました。マルタはイエスさまを迎えに出て行きました。マリアは家にそのまま残っていたのですが、彼女たちはお互いにすでに話し合っていたのではないかと感じます。二人は同じ言葉を話したのです。21節、「主よ、もしここにいてくださいましたら、わたしの兄弟は死ななかったでしょうに」。32節には、イエスさまがおられるところにマリアは行き、そして足もとにひれ伏して言いました。「主よ、もしここにいてくださいましたら、わたしの兄弟は死ななかったでしょうに」と。イエスさまを本当に愛して、イエスさまにお会いすることがどれほど大きな喜びであるかを彼女たちは感じました。そしてここには信仰が見られます。わたしのこの兄弟は死んだのではない、と。

しかし同時に、イエスさまを責めるようなところもあります。もしあなたが早く来てくだされば……。どうして、あなたは遅れたのですかと。人の死に出会うときにわたしたちクリスチャンも、マルタとマリアのように神に向かって叫ぶのです。主よ、わたしはあなたを信じています。なぜ、わたしの夫は死んだのでしょうか。どうしてわたしの愛するわが子を取り去ったのでしょうか。しかしイエスさまはわたしたちの心の内を、だれよりも知っておられます。主はわたしたちの混乱する思いを、とても優しく理解しておられる方です。

そして23節でイエスさまはこう言われました。「あなたの兄弟はよみがえる」。なんとすばらしい言葉でしょうか。24節でマルタはイエスさまに答えました。「そうです。終わりの日の復活の時に復活することは存じております」と。これは伝統的なユダヤ人の死と復活に対する考え方です。特にファリサイの人々はこのように教えていました。最後の日にわたしたちはよみがえると。マルタはそのことを聞いて育っているのです。復活する信仰を確認しているマルタなのです。わたしたち福音的な教会の信徒もそのようなことを考えているのではないでしょうか。マルタも同じように語ったのです。

しかしこの事実はもっと大切な意味があったのです。イエスさまはマルタにもっと大切なことを言われました。イエスさまは、「わたしは復活であり、命である。わたしを信じる者は、死んでも生きる。生きていてわたしを信じる者はだれも、決して死ぬことはない」と25節で述べておられます。これらの25節、26節はとても大切な言葉となります。「あなたはこの御言葉を信じますか」、「あなたはこのことを信じますか」。

「主よ、イエスよ、あなたはキリストであることを信じます。神の子です」。あなたはこう信じますか。

マルタは、あなたを信じますと語ったのでした。

人々は教義について知っています。牧師も日曜ごとに教義について、真理について説き明かします。ですから、わたしたちはその真理についてよく知っています。神はその独り子を賜わったほどにこの世を愛してくださったこと。彼を信じる者は決して滅びることがないこと。そして永遠の命を得ることができること。これらの真理を心にしっかりとつかんでいらっしゃいますか。かつてではなくて、これからでもなく、今、どうでしょうか。ギリシャ語の原典では次のように書かれています。「もし、人がわたしを信じるならば、その体が朽ちたとしても、彼らの真実の命は生きています」。マルタはそのことを本当に心から信じ受け入れていきます。そして、彼女は悲しみでいっぱいでしたが、繰り返し「わたしはあなたを信じます」と告白しました。


わたしたちの信仰にとって大切な、基本的な教えがここに含まれています。そのいくつかを今わかりやすく簡潔に、みなさんに紹介したいと思います。

第1は、わたしたちは体をもっているように、霊的な存在でもあるということです。このことを信じますか。ラザロはいま墓で本当に蝕まれ、腐れ、そのような状態にあります。彼の体は死にました。人そして塵に戻っていこうとしているのです。しかし、ラザロはそういう中からよみがえりました。人間はどのような複雑な機械よりも、もっともっと緻密なものです。わたしは滅ぶために造られたのではありません。わたしのこの命は、再び死ぬためにわたしは生きているのではない。みなさんはそのことを信じますか。もしみなさんがそのことを信じるならば、わたしたちは神の言葉に真実に応答することになります。

第2、わたしたちが生きているこの命、それから再び与えられる命、それは別々のものではなくひとつのものであるというのです。「わたしたちは決して死ぬことはない」と。わたしたちは終わりのない命を授かって生きるのだというのです。そして、神をたたえる存在となるのです。しかし、いろんな妨げもあるでしょう。英国にチャドという村があります。そこから生まれるチーズはとても美味しく、有名です。しかし、もっとこの村を有名にしたのはこの村にある崖なのです。その崖から降っていく深い渓谷がその村にあります。その崖を伝わって水が落ちてきます。上部では水は崖伝いに流れてきますけれども、途中で水は見えなくなります。しかし、その水は消えたというよりも地下に入り込んで、地面の中からもう一度この水は湧きおこってきます。これは別々の川ではないのです。同じ川なのです。そして、一番上の崖の上の水が下まで通っていくのです。全く同じ水が流れているのです。

わたしたちのこの地上での命も、また永遠の命もこの崖から降りてくるこのたとえのように、別々のものではなくてひとつの命なのです。ですから、そのことをしっかりと見定めておくことが大切です。わたしたちはその心を、神の子としてこの真実をしっかりと受け止めて生きたいものです。

第3は、わたしたちが死ぬときにわたしたちは生きると、聖書はその事実を語っています。ラザロはラザロとして死にました。イエスさまによってよみがえらせられたのと同じラザロです。そのことはわたしたちにとって慰めです。あなたの愛する者が天に召されたときに、その愛する者が同じ人としてよみがえるのです。なんとすばらしいことでしょうか。しかし、悲しいことに罪をもって生涯を閉じた者は、よみがえるときにそのまま、罪をもったままよみがえるのです。これは本当に恐るべきことです。

第4は、「生きていてわたしを信じる者は、だれも決して死ぬことはない」。この御言葉はわたしたちにとって大事な言葉になります。聖書は言います、今ですよと。今こそ救いを得るその日ですよと。わたしたちは今どのように神さまに向かって心を開いているでしょうか。今、イエスさまはわたしたちのために死んでくださる。そしてイエスさまはわたしたちのために、今その尊い血潮を流しておられる。わたしたちはそのようなイエスさまに、心から信頼し、委ねて信じます。そして永遠の命を得、わたしたちは神をたたえていくのです。

第5は、永遠の命というのは本物だということです。わたしたちはこの体をもって生きています。ラザロは、本当に命を失いました。しかし、神はそのラザロを命あふれる者としてよみがえらせてくださいました。死んで朽ちたものを神はよみがえらせてくださいます。イエスさまのあのすばらしいお体に倣うように、わたしたちは罪から解放され、すべての痛みから解放され、そして、様々な悲しみから解き放たれていくのです。イエスさまの御名を本当にたたえるものです。わたしはイエスさまと顔と顔を合わせてあいまみえます。そのとき、イエスさまの恵みによって救われたことを話すことでしょう。

20世紀の神学者カール・バルトについて、わたしは彼の教え、話したことのすべてに同意しているわけではありません。でも、彼はとても知識豊かな神学者でした。ある人が彼に質問をしました。あなたがこれまでの経験の中から学んだ最もすばらしいことは何ですか。彼はしばらく考えてから答えました。「聖書が語っているようにイエスさまがわたしを愛していると。そのことをわたしは教えられています」と。主よ、わたしはすべてのことを理解することはできません。わたしはでも、あなたを信じます。

最後に、みなさんにお伝えしたいことがあります。それはケズィックの出来事に関わっていることで、今が永遠の命に行く良い備えのときだということです。悲しいことですが、英国には多くのクリスチャンがいますけれど、彼らの心は冷えています。クリスチャンはイエスさまと共に歩む者です。主のもとで、主によって整えられる人生を送ります。互いに愛し合っていきます。イエスさまのことを考えていきます。しかし残念ながら、それと反対の生き方もあります。イエスさまの、そして聖書の真実の光は、ケズィックのメッセージそのものです。イエスさまのために最大限の力を注いで生きなさい。彼の顔を思い巡らしなさい。聖霊の御力にわたしたちの心を開いていきなさい。きよい生き方を積み上げましょう。イエスさまのように、いまイエスさまのそば近くに。

「わたしを信じる者はだれも、決して死ぬことはない」。

この言葉は、時代を越えてわたしたちにいまこの時代もわたしたちに働いているのです。このことを信じますか。わたしはあなたを愛し信じます。そのことはわたしたちを大きく変えていく力となるのです。わたしたちのこの時から永遠に至るまで。

（文責・齋藤清次）

〈第8回東北ケズィック・コンベンション〉

神に従う人

大井　満

ハバクク書2・1〜4

遅れそうな説教者のために、祈っていただきありがとうございます。朝から何度もいろんな情報をチェックして、なんとかなりそうだと思って出てきましたが、強風で新幹線の運転が止まってしまいました。走ったり止まったりを繰り返しながら、やっとここへ来ることができました。皆さまにご心配をおかけしたことを、心から申し訳ないと思うと同時に、また、皆さんがそのことを覚えて祈ってくださったことに、感謝をしています。

新幹線が止まったり、徐行したりするときに、着くのだろうかとか、間に合うだろうかとか、そういう人間的な心配をすると動かないのですけれども、「あっ、違う。これは、祈らなければ駄目だ」と気づき、「神さま、どうぞ新幹線を走らせてください」と祈ると、すっと動き出すのです。本当に祈ることがどんなに大事か、今日来る途中、深く思わされました。

ハバククという預言者については、あまり詳しいことはわかっておりません。けれども、彼が活動した時代、すでにイスラエルは南北に分裂し、北王国は既にアッシリア帝国によって滅ぼされていました。南のユダ王国も、バビロニアの脅威に直面し、滅亡の危機に瀕していた時代であることは、このハバクク書から読み取れます。そういう中で働いた預言者が、ハバククです。

彼は、どんなことを預言したのでしょうか。1章2節〜4節を読みますと、預言者の嘆きが記されています。正義が行われていない。あるいは、不法だと訴えているのに、神さまがそれを聞いて助けてくださらない。ユダヤの人々が、ユダの南の王国の人々が、神さまの律法と伝統を守らなければならないのに、そのことが無視され、民族の中に、兄弟姉妹の中に交わりが崩壊し、そして、分断がみられる。そういう状況の中で、彼は訴えるわけです。

「なぜですか」という問い。これは、神に従う人があらゆる時代に経験するジレンマです。わたしも今日何回も「なぜですか」と新幹線の中で問いました。「なぜ今日ですか」。判断が間違っていたのではないか。朝の礼拝が終わって、飛び出してくるべきではなかったのかなど、いろんなことを思うわけです。仲の良い素敵な善良な友が命に関わるような病気になったり、あるいは、フィリピンで台風が来て洪水があった。東京に住んでいる者が申し上げるのはとても申し訳ないことですが、3年前の3月11日のこと。「どうして」。わたしたちはそういうことを問います。あるいは、自分が生きていく意味って何なのだろうかと。

神は、本当にいるのか。いるとしたら何をしていらっしゃるのか。そういう問いは、わたしたち人間につきものです。ハバククは、そのことを直接神に問いかけているのです。「神さま、なぜですか。どうしてですか。どうして今、このわたしの願いをきいてくださらないのですか」。しかしハバククは、神に訴えながらも、神がおられること、生きて働いておられること、そのことには疑わないのです。

2章1節。「わたしは歩哨の部署につき　砦の上に立って見張り　神がわたしに何を語り　わたしの訴えに何と答えられるかを見よう」。歩哨の部署とはハバククの時代、町々は城壁で守られていました。エルサレムの町もそうでした。その町々には、城壁の上に見張りが立ちます。これが「歩哨の部署につき　砦の上に立って見張り」ということです。

この歩哨の役割は非常に大切でした。彼が敵を発見しなければならないのです。攻めてくる敵が来た。彼が起きていて、ずうっと見張っていて、耳を澄まし、軍馬の響きや、あるいは遠くで巻き起こる砂煙を彼がまず最初に見つけて、敵が来たと知らせなければならない。彼がもし知らせなければ、味方は敵に備えることができません。ある人は言っています。もしこの歩哨の警告が遅れて、町の人間が一人でも命を落としたら、見張りをしていた人は、死んだ人の血を彼の腕に塗られなければならなかったのです。なんと重い責任でしょうか。自分のせいで死んだ人の血を浴びなければならない。これが預言者の役割です。イスラエルの霊的な敵を見張っていなければなりません。今日の教会の責任もまた同じです。わたしたちも、人々が霊的な敵が攻めて来る、その敵の攻撃に耐えて、勝利し救われるように、イエス・キリストの福音を速やかに伝えなければなりません。

ハバククに、主なる神はこうおっしゃいました。「主はわたしに答えて、言われた。『幻を書き記せ。走りながらでも読めるように　板の上にはっきりと記せ。定められた時のために　もうひとつの幻があるからだ』」（２節）。神が与えてくださる幻を、板の上にはっきり書きなさいと神はハバククに言われました。

神からのメッセージは、板に書いてはっきり読めるようにしなければならない。書くということは、当時すごく貴重なことです。でもその時代にあっても、走りながらでも読めるようにはっきり書きなさいと。メッセンジャーが、メッセージボードを持って町の中を走り回るのです。それを見たが人たちが、走り過ぎていくメッセージボードを見て、ちゃんとそのメッセージを理解していく。何を書き記すのでしょうか、幻です。何の幻でしょうか、それは、「定められた時のために　もう一つの幻があるからだ。それは終わりの時に向って急ぐ」とあるとおりです。

定められた時、終わりの時に向ってのメッセージ。今ハバククは訴えています。「なぜですか。なぜ人々は神さまの言うことを聞かないのですか。なぜこんなに高慢な人が町の中にいて、国の中にいて、人々は別れ争っているのですか」。そういう彼の訴えに対して、「定められた時、終わりの時が来る」。そのことを人々に告げ知らせなさいと神はおっしゃったのです。

「たとえ、遅くなっても、待っておれ」。高慢な者とは悔い改めないユダヤの人々だけでなく外的な敵もいました。神を信じない民族、神ではない神々に頼る人々。そのような者が、やがて神に滅ぼされる時が来る。現代に当てはめてみると、神を神としないで生きているすべての人々。まさに聖書が言う、罪の中に生きている人々です。

最近教会で創世記を学んでいますが、イサクが晩年になってヤコブが祝福を騙し取る場面を学びました。創世記27章に記されています。目がだんだん衰え、年を重ね、本当に弱ってきた父イサク。ヤコブは、そのイサクを騙して、神からの祝福を奪い取ります。「騙してもいいのか」。そういうことをわたしも思いながら読んでいて、気がついたことがあります。それは、イサクが少なくとも、3つの点で優先順位を間違えているということです。

第一の間違い

彼は祝福を与える前に、長男のエサウを祝福しようとしましたが、エサウに「わたしの好きな料理を持ってきてほしい」と頼みました。自分の欲望、食欲を満たすことを最優先にしたのです。

第二の間違い

彼は、神の御心を拒み、エサウを祝福する人として選びました。神はすでに弟のヤコブが、神の祝福を受け継ぐ者だということをちゃんと伝えておられたのにも関わらず、イサクは神の御心を拒んで、自分の考えでエサウを祝福しようとしました。

第三の間違い

イサクは自分の感覚を頼りました。目がだんだん弱くなってきたイサクは、声がエサウのようではないので、彼の腕を触り、自分の感覚でエサウだと確かめようとしました。自己中心です。イサクにして罪を犯します。すべての人間が罪人です。

そのような人間に対して、神は贈り物をくださいます。それが2章4節最後の言葉です。「しかし、神に従う人は信仰によって生きる」。ハバククが求めている正義は、信仰によるしかないのだと神はここで明確に彼に語っておられます。ハバククに命じられたように、わたしたちはまず、このことを板に書いて人々に知らせなければなりません。

信仰による義というのは、長い間キリスト教の歴史の中で忘れ去られていた事柄です。マルチン・ルターが、信仰による義を聖書から再発見したと言われています。ルターは1513年から詩編の講義をヴィッテンベルク大学でしました。そういう中で詩編31編1節、「あなたの義をもってわたしをお助けください」(口語訳)の解釈に行き詰まるのです。彼はカトリックの修道士でした。善い行いをし、修道士らしい生活をして、人々の模範になるような生活をして、ついには神の義を得たいと努力してきた人です。その人が「あなたの義をもってわたしをお助けください」という言葉に出会った時に、「人間を罪に定めるためにある神の正しさが、どうしてわたしを救うことができるのか」と考えたのです。

自分が深い罪人であるという自覚に立って、「あなたの義をもってわたしをお助けください」という御言葉を読んだ時に、どうしてこんなに罪深い者が、神の義によって救われることがあり得るのだろうか。彼は同じ言葉が、詩編72編2節にもあることに気がつきます。さらに聖書を学んでいく中で、もう一つの御言葉と出会います。ローマ書1章17節、「神の義は、その福音の中に啓示される」。神の義という恐ろしいものが、喜びである福音の中に啓示されるという驚き。自分を裁く神の義というものが、喜ばしい福音の中に現されている。「あっ、そうなのだ」。そう思いながら、でも「あなたの義をもって」というこの言葉に、彼は引っ掛かり続けるのです。引っ掛かり続けて行く中で、この「の」という意味が、いろんな意味があることに気がつきました。

ある方の説明によるとこれは、「お父さんのプレゼント」と言うときの「の」です。つい先日、一番下の息子の誕生日でした。わたしはプレゼントを彼の誕生日の一週間前に買ってきました。お父さんのプレゼントです。誕生日の日、食事をして恒例のケーキのろうそくの火消しをやり、わたしはプレゼントを渡しました。お父さんのプレゼントが、その瞬間から、わたしの息子の物になりました。このことをルターは発見したのです。神だけがもっておられる正しさが、わたしたちが信仰をもってそれを受け取った時に、わたしの義になるのです。

なかなか動いてくれない新幹線の中で、焦ったり祈ったりしながら、さらにこのメッセージに手を入れながら思いました。自分では何もできないと。遅れそうなときに、電車の中で先頭の方に走ったら早く着くのではないか。今日は本当に真剣に、そんなことを考えました。でもそんなことをしても、新幹線は早く着かないです。自分では何もできない。ただ、神が与えてくださるものを、祈り求め、そして、多くの友がそのために祈ってくださっている。わたしたちにできることは、ただ神の働きを待つのみです。イサクのようなすばらしい人であっても、罪人です。しかし、そのような者でも、神の義をいただいて、正しい者にしていただけるという信仰が、わたしたちの罪を赦し、神の目に適う者とするのです。

神はそのために、独り子を送ってくださいました。十字架でわたしたちの罪を贖い、信じる者を義とする道を開いてくださいました。さらに、義と認められたわたしたちがキリスト者としてふさわしく生きて行くときに、本当に神に喜ばれる、聖められて生きていくという生き方があると、神はわたしたちに教えてくださっているのです。

わたしたちは本当に弱いです。どうしても「わたし」、「自分」が先に出てきます。そこで何度も神が教えてくださるのです。「そうじゃない。お前がやるのではない。新幹線が走ってくれるのではない。わたしが道を備えるのだ」。そして、「お前が自分を救うのではない。わたしがあなたを救うのだ」と。「お前が自分を聖めることができるのではない、わたしがあなたを聖い者にしてやるのだ」と。

神の前に、自らを明け渡し続ける者でありたいと思いませんか。神のすばらしさを、日々経験し続ける、そういう者になっていきたいと思いませんか。わたしも同じです。神が、そのような者にしてくださることを、一緒に祈り求めていきましょう。

あとがき

今年は豪雪によるトラブルが生じ、難儀された地域も少なくありませんでした。箱根でも前日まで通行が制限され、祈りを要しましたが、当日以降は支障なく守られ、感謝でした。

箱根での日本ケズィックは第53回を迎え、主講師にイギリスからスティーブ・ブレディ師、カナダからチャールズ・プライス師をお迎えし、それぞれに充実したメッセージを取り次いでくださいました。ブレディ師は大阪と神戸で、プライス師は大阪で、そして箱根と東京大会の後、北海道ケズィックでも素晴らしい御用をしてくださいました。

その他、沖縄と九州、そして東北ケズィックにはロバート・エイメス師、同エリザベス夫人がそれぞれ恵み溢れる御用をしてくださいました。

ブレディ師はレセスター、ロンドン、ボーンマスで牧会された後、現在はアランド・カレッジの校長として伝道者養成に尽力しておられます。三回目の来日です。プライス師はカナダのトロントにあるピープルズ・チャーチの主管牧師、またケーペンレー聖書学校の校長としても活躍しておられます。

箱根は2回目です。

箱根では峯野龍弘師が二日目夜の聖会、信徒セミナーには髙田義三師、レディス・コンベンションにはヒラリー・プライス夫人、ユース・コンベンションには山崎 忍師が、また早天祈祷聖会には石田敏則師と島 隆三師が担当されました。また、九州ケズィックの講師小西直也師、大阪ケズィックの齋藤清次師、東北ケズィックの大井 満師、北海道ケズィックの長内和頼師の皆さんも、それぞれに味わい深いメッセージを取り次いでくださいました。

いつもながら箱根での通訳のために多大の労を担ってくださった小西直也師（S・ブレディ師）、錦織 寛師（C・プライス師）、またこの『説教集』のためにご多用の中から要約を担当してくださった錦織博義師、岩井 清師、土屋和彦師、大井 満師、小西直也師、九州ケズィックの塩屋 弘師に深く感謝いたします。

今回から『説教集』の編集は、大井 満師が担当してくださることになりました。先生に多大なご労苦をおかけしますが、覚えてお祈りください。いつの間にかケズィックの出版の奉仕を瀬尾要造師から引き継いで編集の23年が過ぎてしまいました。その間、皆様のお祈りと諸先生方のご協力によって、22冊の『説教集』を送り出すことができました。主が豊かに助けてくださったことを覚え、御名を崇めます。

ヨベルの安田正人社長には、２０００年の『説教集』以来この15年間、我が事のようにご尽力してくださいました。この機会に、改めて感謝の意を表します。今後とも、よろしくお願いいたします。

願わくは主が本書を豊かに祝福し、一人でも多くの方がケズィックの恵みにあずかられますよう、祈って止みません。

（黒木 安信）

２０１４年６月　初　夏

2014 ケズィック・コンベンション説教集
御座から流れるいのちの水
The living water overflowing from His throne

2014 年 8 月 1 日　初版発行

編　集－黒木安信
発行者－日本ケズィック・コンベンション
〒 101-0062　東京都千代田区神田駿河台 2－1　OCC ビル 515
TEL 03-3291-1910（FAX 兼用）
e-mail：jkeswick@snow.plala.or.jp
発売所－株式会社ヨベル
〒 113-0033　東京都文京区本郷 4－1－1　TEL 03-3818-4851
DTP・印刷－株式会社ヨベル

配給元－日キ販　東京都新宿区新小川町 9–1　振替 00130-3-60976　TEL03-3260-5670
ISBN 978-4-907486-07-5　Printed in Japan ⓒ 2014